10대 민족으로 읽는

패권의 세계사

문명을 이룩하고, 전쟁을 일으키고,
새 시대를 연 민족들의 이야기

10대 민족으로 읽는 패권의 세계사

미야자키 마사카츠 지음
정은희 옮김

미래의창

머리말

민족을 보면 세계사가 보인다

민족 갈등이 심화된 현대사회

• • •

도널드 트럼프 전前 미국 대통령이 외친 '아메리카 퍼스트(미국 우선주의)' 정책부터 영국의 브렉시트, 유럽 전반에 퍼진 우익 물결, 중국의 중화주의까지 최근 세계 정세의 흐름을 살펴보면, 국제화의 반동으로 '민족' 간 대립이 심화되고 있음을 알 수 있다. 유럽, 동아시아를 비롯한 세계 각지에서 민족을 둘러싼 갈등이 늘어나는 추세다. 코로나 바이러스가 불러온 재앙으로 세계 경제가 악화될수록 갈등이 더욱 심해지리란 건 불 보듯 뻔한 일이다.

사실 민족 갈등이 현대에 이르러서야 시작된 것은 아니다. 현재 우리는 19세기 유럽에서 고안된 국제법과 국경에 의해 국가(국민국가)가 보호받는 것을 당연하게 받아들이지만, 세계사 전체를 놓고 볼 때 이런 시대가 형성된 것은 아주 최근의 일이다.

세계 역사의 발자취를 더듬어보면, 그중 99퍼센트 정도는 국제법이 존재하지 않던 시대였으며, 국경도 유동적이라 상당히 불안정했다. 영토나 자원, 특히 식량을 둘러싸고 부족(혈연집단)들의 경쟁이 매우 치열했던 시대가 오랜 기간 지속되었다.

과거의 제국이나 왕조 역시 힘 있는 부족들의 연합체로 이루어져 있었으며, 군사력에 따라 부족끼리 항쟁과 팽창을 반복했다. 그 시대의 '민족'은 강력한 부족을 중심으로 한 여러 부족의 결합체를 의미했다. 그들은 다른 집단과의 협력은 부차적인 문제로 여기고 자기 집단의 이익을 가장 우선시했다. 힘의 논리로 모든 것이 결정되는 가혹한 시대가 문명의 탄생 이래 오랫동안 이어져왔다.

세계사의 흐름을 주도한 '중심 민족'

불과 몇십 년 전에도 소련의 붕괴라는 큰 역사적 사건이 일어났듯이, 예기치 않게 제국이 발흥하거나 몰락하는 것은 세계사에서 흔히 볼 수 있는 일이다. 세계는 민족의 충돌, 침입, 이동 등에 따라 움직여왔다. 제2차 세계대전 이후에는 약 40여 년간 미국과 소련의 냉전 체제하에 미국의 압도적인 경제력과 군사력으로 세계 질서가 유지되는 특이한 시대가 지속되었다. 하지만 소련이 붕괴되고 과거에 비해 미국의 영향력이 약해진 현재는 19세기 이전의 약육강식 시대로 역행하는 듯한 정치·군사적 사상이나 움직임이 나타나고 있다. 동일한 사건이 똑같이 되풀이되지는 않더라도 전진과 퇴보를 반복한다는 점에서 세계는 늘 과도기에 있다고 볼 수 있다.

앞으로 자세히 설명할 예정이지만, 세계사를 공부할 때는 세계를 크게 '세 개의 무대'로 나눠 생각하면 한층 이해하기 쉬워진다. 그중 어느 역사 무대에서든 항상 격렬한 식량 쟁탈전이 반복됐으며, 타민족으로부터 침입과 수탈을 당할 위험이 존재했다. 지금까지 세계의 역사는 식량이 충분히 생산되지 않는 사막(연간강수량 250밀리미터 이하)과 초원(스텝steppe 지대, 연간강수량 500밀리미터 이하)의 건조 지대를 중심으로 펼쳐졌다. 그래서 식량을 둘러싸고 충돌하는 군사력 바탕의 시대가 세계사의 대부분을 차지할 수밖에 없었다.

군사력이 강한 유목민족은 부족끼리 연합하여 농경 지대를 공격했고, 농경민족은 부족 간 힘을 합쳐 자신들의 삶을 보호하고자 노력했다. 상업민족은 상호 연결망을 구축하여 유목민이 세운 제국을 유지하는 데 협력했다. 각자가 처한 상황에서 살아

남기 위해 발버둥 치면서 부족주의가 점차 강해졌다.

민족 발흥에 필요한 조건

세계를 이끄는 민족은 끊임없이 바뀌고, 그에 따라 세계사는 요동친다. 그럼 세계를 움직여온 민족은 어떤 이들이며, 그들의 힘은 어디서 나왔을까? 이 질문은 '무엇이 역사를 바꿔왔는가'와도 상통하는 말이다. 오랫동안 세계사를 연구한 사람으로서 말하자면, 역사를 움직이는 가장 큰 원동력은 기아에 대한 공포와 풍요로운 삶을 향한 욕구라고 생각한다.

일본 역시 70여 년 전, 태평양 전쟁 때 미국군의 소이탄 공격을 받아 많은 도시가 폐허나 다름없는 상태가 되었다. 식량이 바닥나 국회의사당 앞에 고구마밭이 생겨날 정도로 절망적인 상황이었다. 하지만 수많은 사람들이 의지를 모아 결국에는 기적적인 경제 발전을 이뤄냈다. 물론 여기에는 운도 따랐으며, 지도자들의 덕도 있었다.

민족의 발흥에도 이러한 조건이 필요하다. 역사 속 두드러진 활약을 펼친 민족을 보면 한 지역에서 활동하던 작은 민족이 거대한 민족으로 성장하게 된 경우가 대부분이다. 그 성장 과정에 필요한 조건을 7가지로 정리할 수 있다.

① 식량 부족, 기아, 인구 과잉

② 전쟁, 전염병 유행, 한랭화 등의 시련

③ ①과 ②에 대처하는 강인한 의지

④ 잇따른 행운

⑤ 세계 질서 및 체제의 동요와 전환

⑥ 민족의 결속력과 그것을 강화하는 조직이나 종교 등의 존재

⑦ 넓은 시야와 적절한 판단력을 지닌 지도자의 등장

세계사를 움직여온 민족은 이 중 몇 가지 조건에 부합하여 발흥했다. 예를 들어 이슬람 제국을 건설한 아랍족은 여름 최고 기온이 50도가 넘는 작열하는 아라비아 사막에서, 몽골 제국을 세운 몽골족은 겨울 기온이 영하 30도까지 떨어지고 시베리아에서 매서운 바람이 불어와 대지를 깎아내는 몽골고원에서 발흥했다.

대항해시대를 선도한 라틴족의 포르투갈은 식량을 자급할 수 없어 해외로 진출할 수밖에 없었으며, 게르만족인 네덜란드나 영국 역시 한랭한 기후 때문에 곡물 재배가 어려워 가난에 허덕이는 소국이었다. 영국에서 목양牧羊이 번성했던 이유는 연중 이어지는 추위로 곡물을 키우기 힘들었기 때문이다. 그래서 자기들만의 독창적인 생존법을 고안해낸 것이다.

제국이 발흥하려면 가혹한 풍토에 단련된 강인한 체력과

의지를 가진 사람들도 필요하지만, 강력한 지도자도 필요하다. 아랍의 무함마드, 몽골의 칭기즈 칸, 포르투갈의 엔히크 왕자, 영국의 크롬웰, 스페인에 맞서 80년 전쟁을 이끈 네덜란드의 빌럼 1세와 같은 지도자들은 민족의 번영에 큰 역할을 했다.

10대 민족의 선정 기준

세계사에 등장하는 무수한 민족 중에서 10개의 민족을 선정하여 이들이 역사에 어떤 영향을 끼쳤는지 살펴보고자 한다. 이 책에서 다루는 10대 민족은 01 **이란족**(페르시아인), 02 **라틴족**, 03 **아랍족**, 04 **인도 민족**, 05 **한족**(중국인), 06 **몽골족**, 07 **튀르크족**, 08 **만주족**, 09 **게르만족**, 10 **유대 민족**이다.

10대 민족을 선정하는 일은 꽤 어려운 과제였지만, 그 과정에서 지금까지 알지 못했던 사실 하나를 깨닫게 되었다. 바로 세계사의 역동성이 농경사회에서부터 발현된 것은 아니라는 점이다.

왜 이 민족들을 선택했는지에 대해서는 뒤에서 설명하겠다. 그 전에 10대 민족 중에서 곡창 지대에 거주한 농경민족인 인도 민족과 한족을 제외하면 모든 민족이 유목민족이나 상업민족이라는 사실을 주목해보자. 타민족에게 침입이나 수탈을 당한 경험 없이 풍요로운 농경민으로 살아온 사람들의 입장에서 보면,

이 10대 민족의 관계성이나 특성 중에는 쉽게 이해하기 어려운 점도 있을 것이다.

아래와 같은 민족 갈등에 대한 질문에 당신은 얼마나 자신 있게 답할 수 있는가?

- 왜 이란족이 미국을 비롯한 서양 국가에 대항하는가?
- 왜 중국은 티베트, 위구르 등 변방의 타민족을 흡수하고, 홍콩, 대만을 포함하여 '하나의 중국'을 만들려고 하는가?
- 북한은 빈곤한 경제 사정에도 왜 한국에 대항하여 고압적인 태도를 보이는가?
- 왜 튀르키예(터키)는 세계 최대의 유랑 민족인 쿠르드족에게 튀르크화를 강요하는가?
- 소수민족인 유대 민족이 어떻게 금융과 정보를 무기로 세계 각지에서 활약할 수 있었는가?

현재 이 질문에 대해 각 민족이 보이는 태도와 행동들은 그들 민족의 역사와 깊은 관련이 있다.

세계의 질서를 변화시켜온 민족은 대부분 유목민족 혹은 상업민족이었다. 그들은 원래 약소민족이었지만, 여러 민족을 흡수·동화하여 세력을 확장하고, 상황이 어려워지면 분열과 약화의 길을 걸었다. 혼란스러운 현대사회의 정세를 파악하고, 나아가 미래를 전망하기 위해서는 여러 민족의 태생과 역사 및 행동 원리를 이해하고, 서양사와는 또 다른 관점으로 세계사를 볼 수 있어야 한다.

미야자키 마사카츠

목차

2장

세계사의 주요 무대에 올랐던 민족들의 이야기

3장

역사의 기초를 닦은 세 민족

제1의 무대 - 이란족, 라틴족, 아랍족

4장

복합적인 세계를 이룬 거대한 농경민족

제2의 무대(1) - 인도 민족, 한족

5장

드넓은 초원에 제국을 건설한 세 유목민족

제2의 무대(2) - 몽골족, 튀르크족, 만주족

6장

군사력과 상업으로 세계화를 이룬 두 민족

제3의 무대 - 게르만족, 유대 민족

1장

왜 근대에 들어와서 민족이 주목받았을까?

세계 패권을 차지하기 위해
새로운 관점을 퍼뜨린 유럽인

본격적인 이야기를 시작하기에 앞서, '민족'이라는 용어에 관해 생각해보자. 세계사 교과서든 해설서든 민족의 정의에 대해 속 시원하게 설명해주는 책을 만나기란 좀처럼 쉽지 않다. 그 이유는 19세기 유럽인들에 의해 민족의 의미가 크게 달라졌기 때문이다. 대체 무슨 일이 일어난 걸까?

이전까지 민족은 큰 부족을 중심으로 연합한 '부족의 결합체'를 가리켰다. 왕조나 제국 역시 세력이 큰 부족이 지배하는 공동체였다. 황제나 왕, 장군은 부족의 우두머리였던 셈이다. 사회는 부족 간의 결합 또는 항쟁 그리고 부족을 이끄는 자들의 관계에 의해 움직였다. 민족이라는 말은 상당히 오랫동안 이런 의미로 쓰였기 때문에, 이것을 전통적 개념의 민족이라고 할 수 있다.

이에 반해 19세기 유럽에서 새롭게 생겨난 것이 근대적 개념의 민족이다. 19세기는 유라시아 변경 지방이었던 북유럽이 빠르게 성장한 시기다. 당시 북유럽에서는 한랭한 기후와 적은 인구 탓에 제국이 형성되기 힘들었다. 여러 소국으로 나뉘어 있어 다른 큰 제국에 비해 주목받지도 못했다. 하지만 19세기에 들어서자 철도망, 증기선, 전신망 등이 발달했고, 이러한 기술을 바탕으로 북유럽 사람들이 세계 각지로 진출하기 시작했다. 그 결과 그전까지 역사의 주 무대를 차지하고 있던 아시아를 제치고 '작은 유럽'이 세계에서 우위를 점하게 된다.

미국의 독립전쟁, 프랑스 혁명 등의 시민혁명도 유럽 우위의 상황을 더욱 공고히 다지는 데 큰 몫을 했다. 평민층의 참여로 사회가 한층 더 성장하게 된 것이다. 혁명으로 새롭게 탄생한 국가, 즉 국민국가nation state에는 당연히 '국민'이 필요했다. 그러나 영향력 있는 혈연집단인 부족의 뒷배가 없는 평민층이 국민으로서 정치에 참여하기 위해서는 그 나름의 귀속 집단이 필요했다. 그래서 새로운 민족의 개념이 생겨났다.

사실 민족이라는 용어는 물리적 실체를 확인하기 어려운, 인간의 머릿속에서 만들어진 추상적인 개념에 가깝다. 이에 학자들은 몇 가지 기준을 정해 민족을 구분했다.

- 피부색 등 생물학적 특징의 동일성(인종)
- 언어의 동일성(어족)
- 공유하는 역사의 동일성, 거주 공간의 동일성

유럽인들은 이러한 기준을 통해 사람들에게 광대한 땅에 여러 부족들이 결합해서 세워진 아시아의 제국은 정체 상태에 머물러 있으나, 새로운 민족의 개념을 바탕으로 건설된 소규모의 유럽 국가들은 선진화되었다는 인식을 심어줬다. 세계를 바라보는 사람들의 시각을 뒤집는 데 성공한 셈이다. 그렇게 유럽 우위의 세계관이 만들어졌다. 아시아와 유럽의 시각을 정리해 보면 다음과 같다.

- **아시아**

민족이란 거대한 부족의 결합체를 가리킨다. 기본 단위는 '민족'이며, '국가'는 부수적인 개념에 지나지 않는다. 따라서 한 제국 안에 언어, 인종, 종교가 다른 여러 민족이 공존할 수 있다.

- **유럽(19세기 이후)**

'국가'가 기본 단위다. 그 국가에 사는 '국민'을 설명하기 위해 '민족'이라는 용어를 사용했다. 하지만 여기서 민족은 부족이 아니기 때문에, 실제로 유사성을 체감하기 어렵다. 기본적으로 한 국가 내에서는 언어와 역사를 공유하는 사람들이 산다.

익히 알려진 대로 유럽의 영향력이 강해지면서 유라시아의 무굴 제국, 청 제국, 오스만 제국 등이 연달아 멸망했는데, 그 과정에서 '하나의 국가=하나의 민족'이라는 인식이 생겼다. 그래서 명확하게 구분되는 각국의 역사가 모여 만들어진 세계사(서양사)가 주류를 이루게 되었다. 오늘날 학교에서 가르치는 세계사가 대부분 서양사인 까닭도 이런 이유 때문이다.

현재 기존 역사 인식의 틀을 유지하는 대표적인 국가는 인도와 중국이다. 두 국가 모두 국민들의 언어, 종교, 인종이 다양하고 복잡하다.

추상적 민족의 개념이 등장한 이유, 노아의 방주

19세기 유럽인이 체계화한 민족의 개념에 관해 조금 더 살펴보도록 하자. 화석이나 뼈를 발굴하고 연구하는 기술과 고고학, 유전자 인류학 등 여러 학문의 발전 덕분에 오늘날 세계사 교과서는 인류가 동아프리카 대지구대에서 약 500만 년간 진화를 거치면서 유라시아 각지로 이주했다고 설명하고 있다.

하지만 충분한 연구와 정보가 부족했던 19세기 초 유럽에서는 민족이 어떻게 생겨났고 그 민족이 어떻게 세계를 형성했는지 체계적으로 설명할 수 있는 근거가 필요했다. 그리하여 인류의 확산과 민족의 탄생이라는 난제를 《구약성서》의 첫 번째 편 〈창세기〉에 나오는 '노아의 방주'로 설명했다.

세계사 교과서에서 설명하는 인류의 발상과 이동

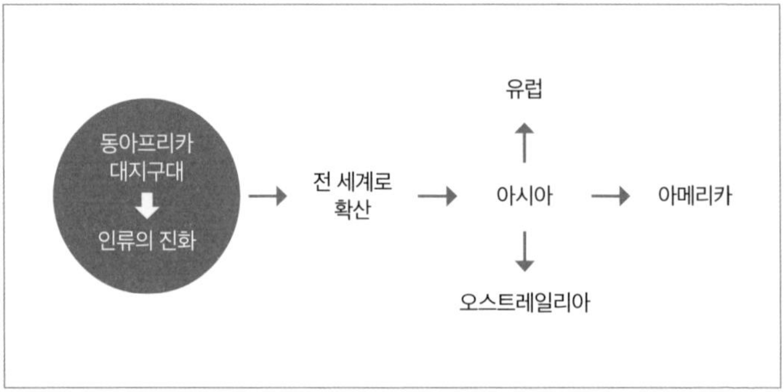

노아의 방주 이야기는 워낙 유명하니 많은 사람이 알고 있으리라 생각한다. 현재 인류가 노아 일족에서 기원했다는 이야기다. 신이 타락한 인간들에게 벌을 내리고자 했지만, 차마 모든 인간을 멸할 수 없어 신실한 노아 일족만은 남기기로 한다. 재앙이 내린 후 그전까지 세상에 살고 있던 모든 인간은 죽고, 노아 일족이 새로운 인류의 기원이 된다.

신은 미리 노아에게 방주를 만들어 대홍수에 대비하라고 명한다. 방주에는 노아의 세 아들인 셈, 함, 야벳이 각자의 아내와 함께 타게 된다. 대홍수에서 살아남은 그들이 표착한 곳은 튀르키예 동부에 있는 해발 5천 137미터의 아라라트산 중턱이었다. 아라라트산에서 북쪽으로 가면 아시아와 유럽의 경계에 위치한 캅카스산맥이 나온다. 세 형제는 캅카스 지방에서 러시

19세기 서양인이 생각한 인류의 발상과 이동

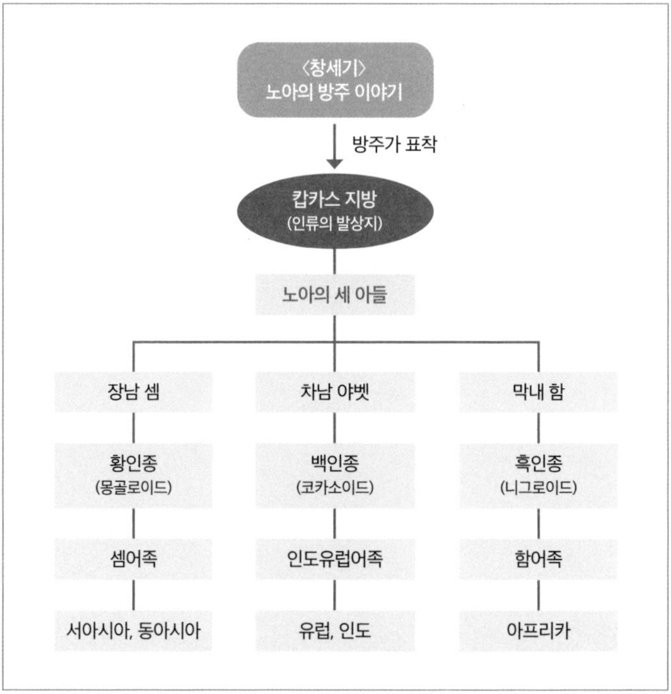

아 남부로 이주하여 새로운 인류를 확산시켰다. 그 과정에서 여러 인종과 어족이 갈라져 생겨났다고 한다.

코카소이드, 몽골로이드, 니그로이드

노아의 세 아들과 그 후손들은 캅카스 지방에서 세계 각지로 이동했다. 새로운 인류를 코카소이드(백인종)라고 명명한 사람은 자연인류학의 시조로 불리는 독일 학자, 요한 프리드리히 블루멘바흐(1752년~1840년)다.

블루멘바흐는 캅카스 지방에 표착한 노아의 아들들을 모두 코카소이드(캅카스 지방 출신이라는 의미)라고 불렀다. 전 인류가 코카소이드에 속한다고 본 것이다. 하지만 아시아, 남북 아메리카 등에는 유색 인종이 살고 있었으므로 그들을 설명할 만한 무언가가 필요했다. 그래서 그는 둘째 아들 야벳의 후손이 코카소이드(백인종)이며, 장남 셈의 후손은 몽골로이드(황인종), 막내아들 함의 후손은 니그로이드(흑인종)가 되었다고 설명했다. 그가 분류한 세 인종에 대해 정리하면 다음과 같다.

- 서부 유라시아: 코카소이드(백인종)
- 동부 유라시아와 아메리카: 몽골로이드(황인종)
- 사하라 사막 이남: 니그로이드(흑인종)

언어에 따라 민족을 구분하다

하지만 인종만으로는 인류를 세밀하게 구분할 수 없다. 그래서 '민족의 이력서'라고도 할 수 있는 '언어'가 민족을 식별하는 기준으로 활용되기 시작했다.

언어의 유사성과 친근성을 바탕으로 민족의 계보를 연구하는 비교언어학에서는 생물학의 계통수系統樹(생물의 진화 과정에서 드러난 종이나 개체의 관계성을 나무에 비유하여 나타낸 그림 – 옮긴이)와도 비슷하게, 동일한 조어祖語에서 갈라지는 언어들의 묶음을 '어족'이라고 일컫는다.

오늘날 세계의 주요 언어는 다음과 같은 어족으로 나뉜다. 참고로 요즘에는 셈어족, 함어족 등 《구약성서》를 기반으로 한

19세기 명칭은 잘 쓰지 않는다.

① 인도·유럽어족: 444개 언어
② 아프리카·아시아어족(구 셈어족): 375개 언어
③ 나일·사하라어족(구 함어족): 205개 언어
④ 중국·티베트어족: 457개 언어
⑤ 알타이제어(구 알타이어족): 튀르크어족, 몽골어족, 퉁구스 어족 등
⑥ 아메리카원주민제어: 350개 언어
⑦ 캅카스제어: 40개 언어(캅카스 지방의 언어)

이 중에서 유럽인들이 중요하게 생각한 어족은 ①~③번이었다. 유럽에서 서아시아를 거쳐 인도에 이르는 지역을 역사의 주요 무대로 본 것이다.

유럽인들은 인류의 중심이라고 믿었던 코카소이드에 비해 몽골로이드를 크게 중요하게 여기지 않았다. 이로 인해 상대적으로 아시아 및 아메리카에 분포된 ④~⑥번 어족에 관한 연구는 활발히 이루어지지 못했다. 이러한 어족에 속한 민족들은 20세기 후반에 이르러서야 세계사에서 본격적으로 주목받기 시작했다.

인도·유럽어족의 탄생 배경

유럽인들이 가장 눈여겨본 것은 당연히 인도·유럽어족이었다. 이는 서양사에 등장하는 중요한 어족 중 하나다. 그런데 왜 유럽 언어와 인도 언어가 동일한 카테고리로 묶였을까?

이 명칭이 생기게 된 배경에는 영국 동인도회사와 관련된 역사적 사정이 있다. 19세기 초는 해로를 통해서만 다른 대륙으로 이동할 수 있었던 항해의 시대였다. 많은 유럽인들이 그 유명한 남아프리카의 희망봉을 거쳐 인도로 떠났다.

인도에 진출한 유럽인들은 토착 세력과 갈등을 피할 수 없었다. 영국은 1757년 프랑스-벵골 토후국 연합군과 플라시에서 벵골 지방의 패권을 놓고 맞붙었다. 결국 플라시 전투에서 승리를 거둔 영국 동인도회사가 벵골 지방의 행정권을 얻었고, 이를 계기로 영국은 인도 지배를 위한 기틀을 다지기 시작했다.

이때 벵골에 설립된 대법원에 윌리엄 존스(1746년~1794년)라는 인물이 판사로 임명된다. 언어에 뛰어난 재능이 있었던 존스는 이미 사어死語가 된 인도의 고어 산스크리트어를 9년간 연구했고, 그 결과 가족의 호칭 등과 같은 일상 언어 및 문법에서 유럽 언어와의 유사성을 발견했다. 그는 이를 근거로 산스크리트어가 유럽의 고어인 그리스어, 라틴어와 동일한 뿌리에서 나왔을 것이라는 주장을 펼치게 된다.

♜ 인도의 고어 산스크리트어를 연구했던 윌리엄 존스.

당시 유럽에는 산스크리트어를 제대로 아는 사람이 극히 드물었다. 그래서 합리적인 검증 과정을 거치지 않은 채로 그의 설명에 의해 '인도·유럽어족'이라는 카테고리가 생겨났다. 어찌 되었든 존스의 주장은 인도와의 합병을 원하는 영국에는 아주 좋은 구실을 제공해줬다.

인도·유럽어족의 존재를 입증한 것은 아리아인이다?

존스의 언어학적 주장을 역사적 사실로 바꿔놓은 것이 바로 '아리아인'의 존재다. 아리아인은 아프가니스탄에서 카이바르 고개를 넘어 인도 펀자브 지방으로 이동해, 그곳에서 인더스 문명을 발전시킨 흑인 드라비다인을 정복했다고 알려져 있다. 드라비다인을 노예 계급인 수드라로 전락시키고 북인도 일대를 지배한 뒤에는 갠지스강까지 진출했다. 지금까지 알려진 바로는 아리아인은 이란계 민족이었다고 한다.

아리아인의 이름은 산스크리트어로 '고귀한, 귀족적인'이라는 뜻을 지니고 있다. 유럽인들에게 이들은 매우 환영받을 만한 존재였다. 당시 유럽은 지리적으로 유라시아 대륙의 변방이나 마찬가지였기 때문에 유럽인들은 고대 문명의 중심지이자 찬란한 역사를 가진 지역과 자신들의 터전을 연결 짓고 싶어 했다. 르네상스 운동으로 유럽 땅에서 고대 그리스 문화를 부활시킨 것도 비슷한 맥락이라고 할 수 있다. 유럽인들은 이처럼 자신들의 콤플렉스를 극복하기 위해 아리아인과의 연관성을 찾으려 했다.

영국의 동양학자·언어학자인 막스 뮐러(1823년~1900년)는 '아리안 학설'을 주장하며 북인도 지방을 정복한 아리아인의 존재를 유럽과 결부시켰다. 옥스퍼드대학교에서 인도학을 가르쳤던 그는 아리아인이 인도에서 유럽까지 광대한 지역을 정복하면서 자신들의 언어를 보급하여 인도·유럽제어가 만들어졌다는 가설을 내세웠으며, 그들이 이주하는 과정에서 여러 문명이 탄생했다고 주장했다. 인도와 유럽의 연관성을 언어학적 관점뿐만 아니라 역사적 관점으로까지 확대한 것이다.

그 후 아리아인은 유럽, 페르시아, 인도 등 여러 민족의 인종적·민족적 조상이라고 여겨졌다. '여러 문명의 선조'이자 '고귀한 민족'이라는 아리아인의 이미지는 유럽인들에게 상당히 매력적으로 다가왔을 것이다.

♜ 인도와 유럽의 역사적 연관성을 주장했던 막스 뮐러.

게르만족의 이동을 '대이동'이라고 부르는 이유

앞에서도 언급했듯이 민족의 이동은 매우 자연스러운 현상이다. 그런데 왜 교과서나 세계사 책에서는 게르만족의 이동을 유독 '대이동'이라고 부르며 강조할까?

사실 아리안 학설로 민족적 콤플렉스를 치유한 사람들은 독일인이었다. 독일인들은 1871년 독일 제국을 세워 마침내 민족을 통일하고, 제2차 산업혁명의 물결을 타고 급속도로 경제 성장을 이뤄냈다. 하지만 동쪽 폴란드 너머에는 슬라브족의 세계가, 서쪽으로는 로마 제국을 계승한 라틴족의 세계가 펼쳐져 있었다. 거대한 두 세력 사이에 낀 독일의 게르만족은 변방이라는 인식이 강했던 북유럽 쪽으로 발전할 수밖에 없었다.

농경 지역이면 어디든 그렇지만, 독일인들은 스스로를 '민중 국가'라고 생각했다. 독일의 국명인 '도이칠란트'는 '민중, 대중'이라는 의미의 게르만어 'theod'에서 유래했다고 한다. 그러나 민중 국가인 독일은 유럽 세계에서는 크게 인정받지 못했다. 독일의 중심부였던 프로이센은 당시 로마 제국의 변방이었으며, '이해할 수 없는 말을 하는 사람들'이 사는 곳이라고 여겨졌다. 그리스·로마 문화와 로마 제국 중심의 유럽 세계관 아래에서 독일이 주목받지 못한 것은 당연했다.

그러나 독일은 아리안 학설로 자신들을 그리스보다 훨씬 더 이전의 고대사와 연결 지을 수 있었고, 이를 통해 유럽의 명문 민족으로 도약하게 된다. 독일인은 고귀한 아리아인의 직계 자손이며, '게르만족의 대이동'이 그 사실을 증명해준다고 주장하며 콤플렉스에서 벗어나려 한 것이다. 그렇기에 게르만족의 이동을 '대이동'이라고 명명하며 강조할 수밖에 없었다.

독일인은 성실하고 종교에 대한 믿음이 강하여 장엄한 종교 음악을 좋아한다고 한다. 어쩌면 겨울이 길고 혹독하기 때문일지도 모른다. 독일 신화와 북유럽 신화를 아울러서 만든 장대한 리하르트 바그너의 악극은 아리아인의 영광스러운 역사를 상기시킴으로써 독일인의 민족적 자긍심을 충족해주었다.

독일인들은 게르만족의 이동이 자신들의 뿌리가 고귀한 아리아인임을 증명해준다고 믿었기에 이를 매우 큰 사건으로 여졌다. 반면 라틴족의 나라 프랑스는 이에 대해 냉담한 반응을 보이며, 게르만족을 야만인으로 여기고 이동 역시 '대침입'이라고 보았다.

인종주의가 불러온 홀로코스트

제1차 세계대전에서 패배하고 영국과 프랑스에 가혹한 보복을 당하면서 독일인들의 자존심은 심하게 짓밟혔다. 독일에 엄청난 전쟁 배상금을 요구해야 한다는 의미로, '독일 레몬은 찍찍 소리가 날 때까지 쥐어짜야 한다'라는 말이 나왔을 만큼 분위기가 좋지 않았다. 자존심에 상처를 입은 독일인들 사이에 이런 위험한 생각이 퍼지기 시작했다.

"고귀한 아리아인의 피를 이어받은 독일은 패배할 리가 없다. 독일로 이주한 셈계(아시아계) 유대인이 아리아인의 혈통을 더럽혀 독일인이 나약해졌고, 그 때문에 전쟁에서 진 것이다. 유대인이 문제다."

이는 황당무계한 주장이었지만, 패배의 굴욕감과 궁핍한 생활에 지친 독일인들의 마음을 좀먹으며 점점 널리 퍼져갔다. 인종주의에 기반한 민족주의가 대두된 상황이었다. 사실 이런 일은 언제 어디서든 일어날 수 있다.

그런 민중의 편견을 증폭시켜 정치적으로 이용한 이들이 바로 나치당이다. 그들은 '독일인의 인종적 우월성'을 선전하며 대중들을 선동했다. 거짓말이든 편견이든 계속 들으면 사실처럼 느껴지는 법이다. 요즘 SNS상에서도 흔히 볼 수 있는 현상이다. 나치당의 주장은 민족주의 사상을 지닌 독일인들의 마음을 깊이 파고들었고, 이 잘못된 믿음이 제2차 세계대전 중에 일어난 홀로코스트(대학살)를 불러왔다. 약 600만 명의 유대인들이 학살당한 끔찍한 사건이었다.

이외에도 인종주의에서 비롯된 비극은 역사 속에서 쉽게 찾아볼 수 있다. 청일전쟁 후 독일 제국의 황제 빌헬름 2세는 일본을 위험한 존재로 간주하고 황화론(황색인종 억압론)을 퍼뜨려 서양 국가들이 결속하여 일본을 억누르는 공동전선을 펼치게 만들었다. 이는 황인종을 배척하고 탄압하려는 의도에서 나온 명백한 인종주의였다. 우리는 민족주의와 인종주의가 어떤 결과를 초래하는지 역사를 통해 반드시 배워야 한다.

2장

세계사의 주요 무대에 올랐던 민족들의 이야기

농경민족, 유목민족, 상업민족을 구분하는 기준

문명이 탄생한 이후, 그전까지 수렵과 채집으로 생존해왔던 인류는 이제 건조 지대에서 농경민족, 유목민족, 상업민족으로 나뉘어 살아가게 된다. 농업에 필요한 물을 확보하는 것이 중요했기 때문에 곡식을 재배하는 농경사회는 큰 강 유역에서 발전했고, 식량을 자급하지 못하는 유목민족과 상업민족은 그 주변에 정착하여 살았다. 그렇게 해서 각자 삶의 공간이 점차 나뉘었다.

교토대학교 교수이자 생태학자인 이마니시 긴지는 동물계에서 근연종(생물의 분류 시 관계가 가까운 종 – 옮긴이) 집단들이 경쟁을 피하기 위해 서식 공간을 나누어 공존한다는 '서식지 분리habitat segregation' 이론을 주장했는데, 이 이론은 세 민족의 관계를 살펴볼 때도 유용하다.

- **농경민족**(식량 생산 담당): 사막의 큰 강 유역에서 건조기후에 강한 밀, 보리 등을 재배했다.
- **유목민족**(군사 세력): 농경민족 주변 초원 지대에서 수컷을 중심으로 암컷이 무리 지어 사는 양이나 염소 등과 같은 가축을 길렀다. 말을 이용하여 군사력을 확보했다.
- **상업민족**(유통 담당): 농경민족과 유목민족 사이를 중개하며, 농경민족이 재배한 농산물과 유목민족이 생산한 축산물을 교환했다.

단조로운 생활 패턴을 반복하며 살아가는 농경민족은 농경지에서 떨어져 살 수 없어 활동 범위가 좁다. 이런 이유로 지연사회地緣社會로 발전한 경우가 많다.

유목민족은 광범위한 지역을 이동하면서 대개 가축, 모피, 축산물 등을 곡물과 교환했다. 하지만 전염병의 유행, 자연환경의 악화와 같은 위험 요소 때문에 생활이 불안정했다. 가령 초봄에 눈이 내린 후 기온이 급격히 떨어져 초원이 얼어붙기라도 하면, 초목을 먹지 못한 가축들이 모두 죽을 수밖에 없다. 그런 불상사가 일어나면 생존의 위협을 느낀 유목민 부족들이 단결하여 농경민의 식량을 약탈하는 일이 벌어졌다. 기마 군단을 조직화하여 주변 지역 정복에 나선 유목민족이 농경 지대를 반복해서 침략하면서 농경민과 유목민의 혼혈화가 일어났다.

상업민족은 교통이 편리한 곳에 거주하며 지리 지식, 사교술, 언어 능력, 화폐 등을 활용해 식량, 광물, 축산물의 매매를 담당했다. 한마디로 그들은 '곡물의 순환'을 원활하게 하는 역할을 한 것이다.

자원 지대와 교통 지대로 이해하는 세계사의 흐름

언뜻 보면 식량을 생산했던 농경민족의 사회가 더 안정됐을 것 같지만, 오히려 부족한 생산량 때문에 식량 쟁탈전이 일어나 사회가 불안정했다. '곡물의 순환'을 생계 수단으로 삼은 상업민족 역시 더 많은 이익을 얻기 위해 여러 방법을 모색해야 했다.

식량이 부족하거나 편중되어 경쟁이 확대되고 전쟁이 일어나는 과정에서 강한 부족이 등장하는 것은 당연한 일이었다. 그중에서도 '말'이라는 강력한 군사력을 가진 유목민족이 전쟁에 압도적으로 유리했다.

식량을 둘러싼 민족 간의 대립을 이해하기 위해서는 지역의 특성을 자원 지대와 교통 지대로 나누어 살펴보는 것이 좋다.

유목 지역과 농경 지역

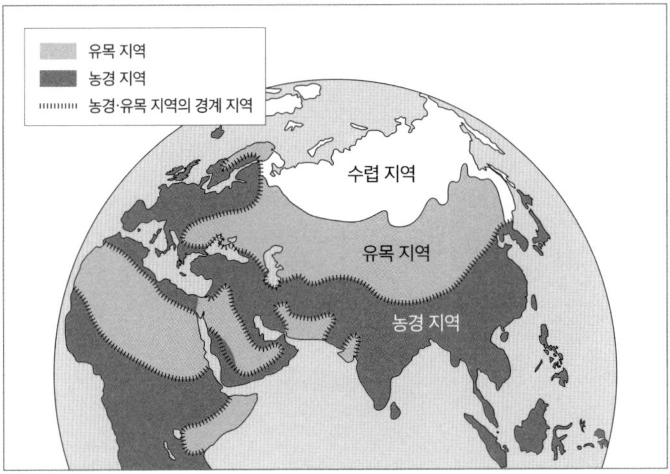

출처: 오카모토 다카시 《세계사 속 중국사 도감》에서 인용

• 아프리카 대륙의 유목 지역은 초원이 아닌 사막이며, 말이 없었기 때문에 문명이 오래가지 못했다.

- **자원 지대**: 식량을 공급하는 식량 창고. 농경 지역을 의미한다.
- **교통 지대**: 자원 지대의 주변 지역. 유목민족과 상업민족이 활동하는 사막, 초원, 해상 지역을 일컫는다.

자원 지대에서는 주변의 유목민족이 침입하고 이주해온 탓에 끊임없이 혼혈화가 이루어졌다. 그 결과 부족이 계속 분립하고, 민족이 늦게 형성되었다. 반면 교통 지대를 차지한 강한 군사력의 유목민족은 부족의 결합과 농경민족 정복을 통한 혼혈

자원 지대와 교통 지대의 관계

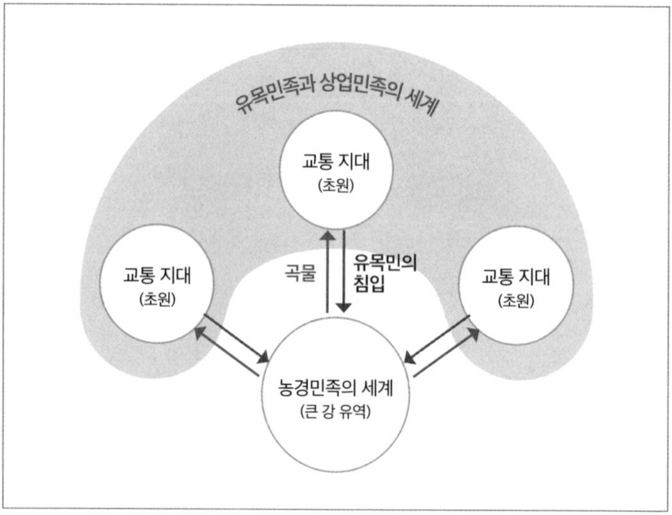

화로 대민족으로 성장했다.

세계사의 전체 흐름을 보면, 자원 지대 주변부에서 대민족이 출현하여 흥망을 반복해왔다.

역사를 세 가지 무대로 나누다

광대한 지구에서 전개되어 온 여러 지역의 역사를 어떤 틀로 파악하는지에 따라 지금까지 알지 못했던 새로운 사실을 깨달을 수도 있다. 교과서에 있는 국가별 역사를 그저 한군데로 모아놓는다고 해서 그것을 민족의 세계사라고 할 수는 없다. 일관된 논지를 가지고 흐름을 정리할 필요가 있다.

이 책에서는 세계를 고대 서아시아와 지중해(제1의 무대), 중앙아시아의 대초원과 중국·인도(제2의 무대), 대항해시대 이후 유럽과 신대륙(제3의 무대)으로 나눠 각 무대에서 활약한 10대 민족의 역사를 다룰 예정이다. 이 무대를 나타내는 세 장의 지도로 세계사의 흐름을 이해할 수 있다.

기존의 세계사는 농업사회가 산업사회로 성장한다는 단순한 관점으로 정리되어 있지만, 실상 안정된 농업사회가 세계사를 역동적으로 움직인 경우는 거의 없었다. 그래서 여기서는 세계사의 각 무대를 자원 지대와 교통 지대로 분류하여 살펴보고자 한다. 이처럼 역사를 다각도로 분석하고 연구할 때 한층 더 넓은 시각으로 세상을 볼 수 있을 것이다.

지금부터 자원 지대와 교통 지대의 조합으로 이루어진 세계사의 무대에서 어떤 민족들이 활약했는지 더 자세히 살펴보도록 하자.

제1의 무대: 고대 서아시아와 지중해

고대 서아시아와 지중해 지역에서는 이집트와 메소포타미아를 자원 지대로, 그 주변의 이란고원, 지중해, 아라비아반도를 교통 지대로 볼 수 있다.

이 지역의 자원 지대는 면적이 좁고 주변에서 발흥하는 제국에 잇따라 정복당해 독립성을 갖기 어려웠다. 메소포타미아의 수메르인과 이집트인들은 결국 이슬람 제국의 지배하에 아랍인이 되었다. 반면 교통 지대에서는 기원전 6세기에 01 **이란족**이 세운 페르시아 제국을 필두로 기원전 1세기에는 02 **라틴족**의 로마 제국이, 7세기에는 03 **아랍족**이 세운 이슬람 제국이 등장했다.

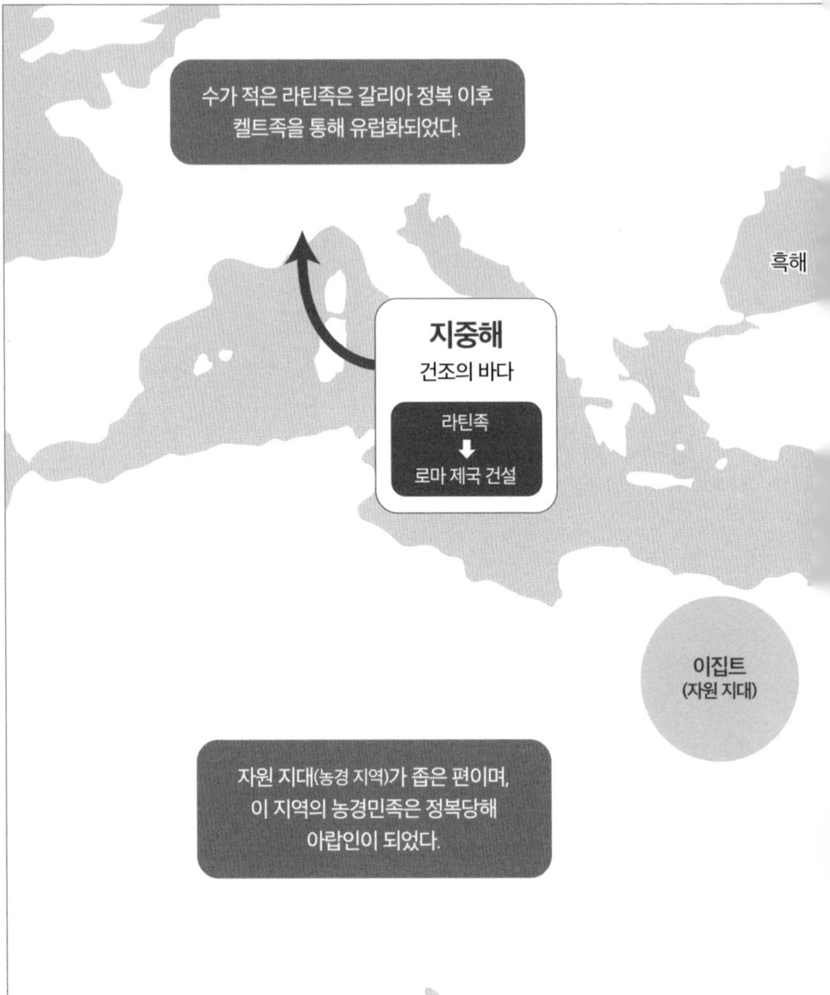
수가 적은 라틴족은 갈리아 정복 이후
켈트족을 통해 유럽화되었다.
흑해
지중해
건조의 바다
라틴족
로마 제국 건설
이집트
(자원 지대)
자원 지대(농경 지역)가 좁은 편이며,
이 지역의 농경민족은 정복당해
아랍인이 되었다.

카스피해
이란고원
사막과 황무지가
80퍼센트를 차지
이란족
페르시아 제국 건설
메소포타미아
(자원 지대)
페르시아만
아라비아반도
대부분이 사막
아랍족
이슬람 제국 건설
홍해
아라비아해

제2의 무대:
중앙아시아의 대초원과 중국·인도

그다음 시기에 중요한 교통 지대로 부상한 곳은 중앙아시아의 대초원이다. 서쪽의 헝가리 평원에서부터 러시아 남부 초원, 카자흐 초원, 몽골고원, 만주 평원 등 동서로 8천 킬로미터에 이르는 대초원이 펼쳐진 이곳은 기원전 6세기 스키타이인의 기마 기술이 보급된 이래 기마 유목민이 활약했던 지역이다.

이 대초원의 남쪽에는 몽골고원과 맞닿은 중국, 거대한 사막 사이에 위치한 서아시아(이슬람 세계), 아프가니스탄에서 카이바르 고개를 넘으면 진출할 수 있는 인도(북쪽에는 히말라야산맥이 있어 진출하기 어렵다) 등의 자원 지대가 있으며, 북쪽에는 러시아의 넓은 삼림 지대가 펼쳐져 있다. 자원 지대인 중국과 인도는 다른 나라에 비해 영토가 매우 넓어 혼혈화와 지역 분리 등의 전략으로 농경사회의 독자성을 유지할 수 있었다.

제2의 무대에서는 유목민족과 농경민족 사이에 격렬한 식량 쟁탈전이 지속적으로 일어났다. 몽골과 중국 간의 전쟁이 그 예다. 기원전 5세기에 시작된 중국의 전국시대 이후, 격심한 흥망의 역사가 이곳에서 펼쳐졌다.

달에서도 보인다는 대규모 건축물 만리장성(현존하는 주요 부분의 길이만 약 3천 킬로미터로, 총 길이는 1만 2천 킬로미터라고 한다)은 단지 그 규모에만 의미가 있는 것이 아니라 유라시아에서 반복된 유목민족과 농경민족의 전투를 상징하는 유물이라는 점에서 주목할 만하다. 자원 지대인 중국과 인도는 여러 민족으로 이루어져 있지만, 자신들에게 맞는 체제를 고안하여 농경사회로서의 일체성을 유지했다. 언어적 통일은 이루지 못해 유럽 기준으로 보면 '민족'이라고 말하기 어렵지만, 세계사를 공부할 때 이들을 빼놓을 수는 없다. 따라서 04 **인도 민족**과 05 **한족**(중국인)은 '복합적 민족'이라는 의미에서 10대 민족에 넣었다.

교통 지대를 지배한 민족으로는 먼저, 몽골고원에 정착하여 중국 왕조와 식량 쟁탈전을 반복하다 13~14세기 유라시아 대륙에 몽골 제국을 세운 06 **몽골족**을 꼽을 수 있다. 다음으로 몽골고원에서 활약한 후 중앙아시아의 교역로를 따라 서쪽으로 이동하여 실크로드를 지배하고, 나아가 아랍족의 이슬람 제국

8천 킬로미터에 이르는 중앙아시아의 대초원
교통 지대인 중앙아시아의 대초원에서 온
몽골족, 만주족, 튀르크족이 각각 대제국을 건설했다.
흑해
튀르크족
오스만 제국 건설
카스피해
사막
(실크로드 지대)
지중해
이슬람 제국
(대농경 지대)
튀르크족
셀주크 왕조 건설

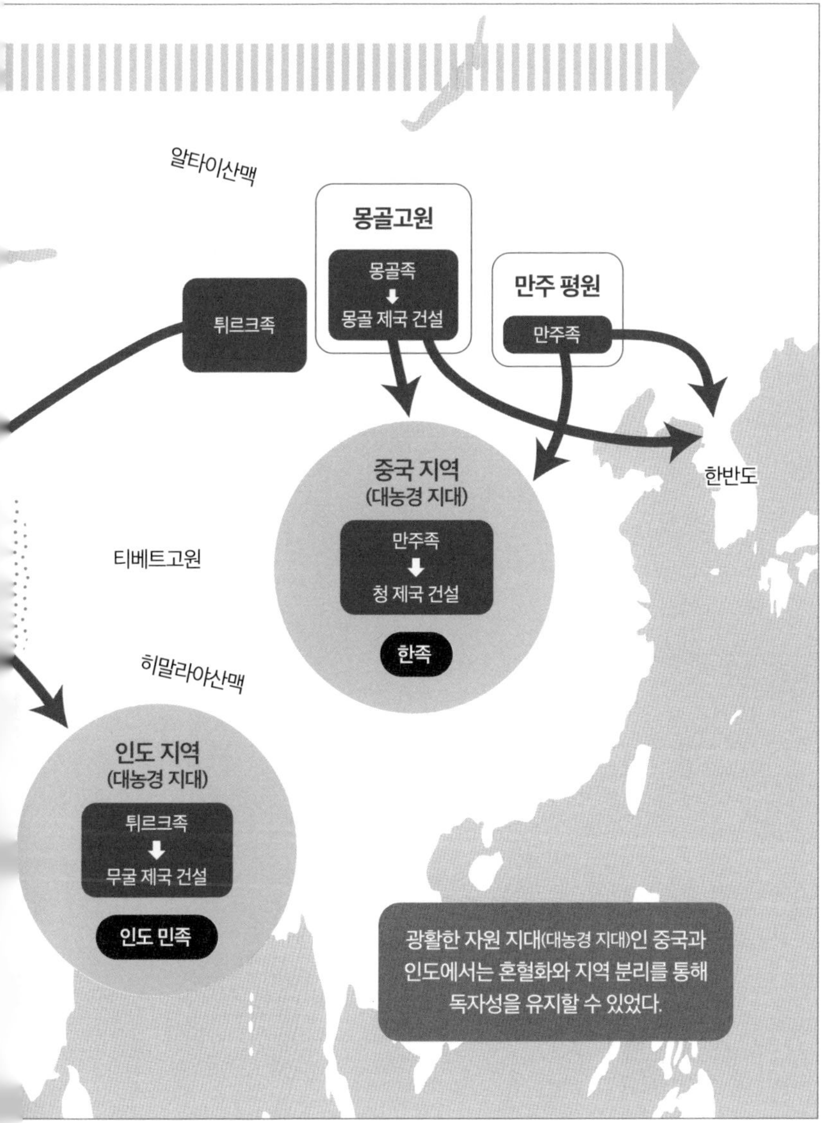

알타이산맥
몽골고원
몽골족
몽골 제국 건설
만주 평원
만주족
튀르크족
중국 지역
(대농경 지대)
만주족
청 제국 건설
한족
한반도
티베트고원
히말라야산맥
인도 지역
(대농경 지대)
튀르크족
무굴 제국 건설
인도 민족
광활한 자원 지대(대농경 지대)인 중국과
인도에서는 혼혈화와 지역 분리를 통해
독자성을 유지할 수 있었다.

을 정복하여 셀주크 왕조를 세우고 지중해에 오스만 제국까지 건설하는 화려한 활약상을 남긴 07 **튀르크족**, 마지막으로 동아시아 최대 규모의 청 제국을 세운 08 **만주족**이 있다.

제3의 무대:
대항해시대 이후 유럽과 신대륙

대항해시대 이후에는 세계를 육지가 아닌 바다를 중심으로 보는 새로운 세계관이 형성되었다. 이를 배경으로 유럽인들은 바닷길을 통해 세계 곳곳으로 뻗어나갔다.

유럽인들은 대서양에서 점차 활동 범위를 넓혀나가 대서양, 인도양, 태평양을 잇는 대규모 교통 지대를 만들었다. 또한 신대륙을 비롯한 세계 각지에 식민지를 개척하고 플랜테이션 농장을 경영하면서 인공적인 자원 지대를 확보했다.

유럽인은 자본주의 경제와 국민국가 체제를 통해 활동 무대를 '유라시아'에서 '전 세계'로 확대했다. 이 시기에는 민족 대신 국가가 세계사의 흐름을 주도했다. 이때 핵심적인 역할을

한 사람들이 앵글로색슨인과 독일인으로, 이들은 모두 09 **게르만족**으로 묶을 수 있다. 또한 이 역사 무대에서는 자본주의 경제 형성에 크게 기여한 상업민족인 10 **유대 민족**을 빼놓을 수 없다.

이렇게 세 가지 역사 무대를 바탕으로 10대 민족을 선정했다. 다음 장부터는 각지에서 두드러진 활동을 펼친 10대 민족의 활약상을 통해 세계사의 흐름을 더욱 자세히 살펴보고자 한다.

세계사 무대와 10대 민족의 분포

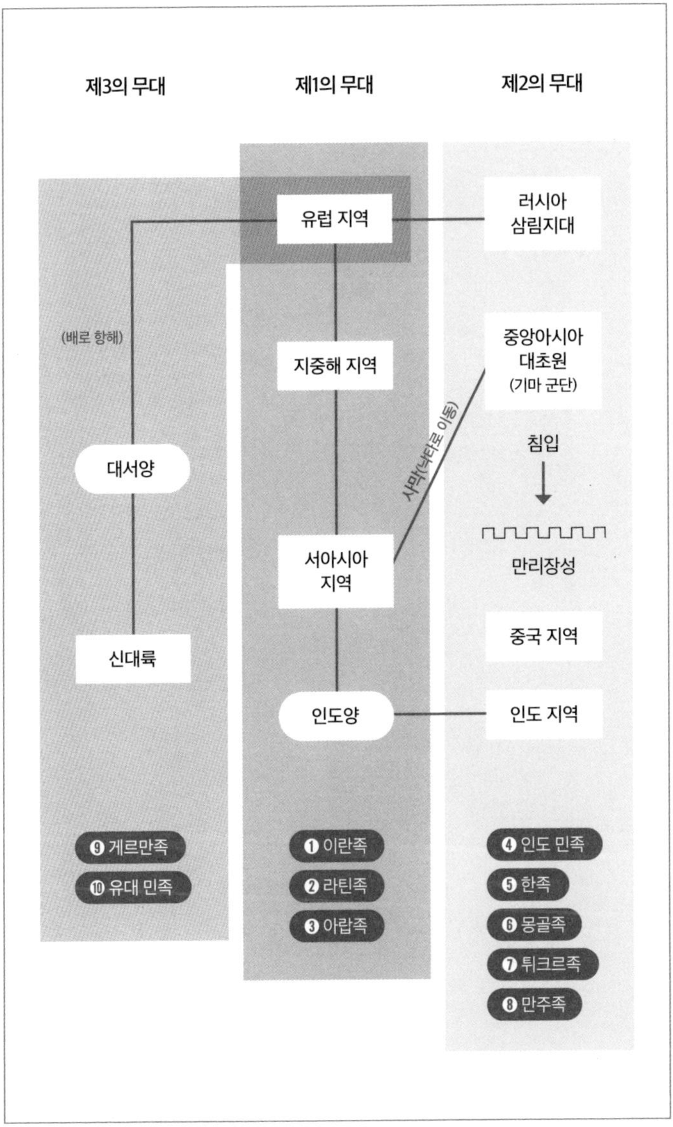

유럽
유라시아의 변경
게르만족
라틴족
게르만족의 진출
미국
게르만족의 활약
대서양
(해양 지역)
라틴족의 진출
(대항해시대)
신대륙이
'제2의 유럽'이 되었다.

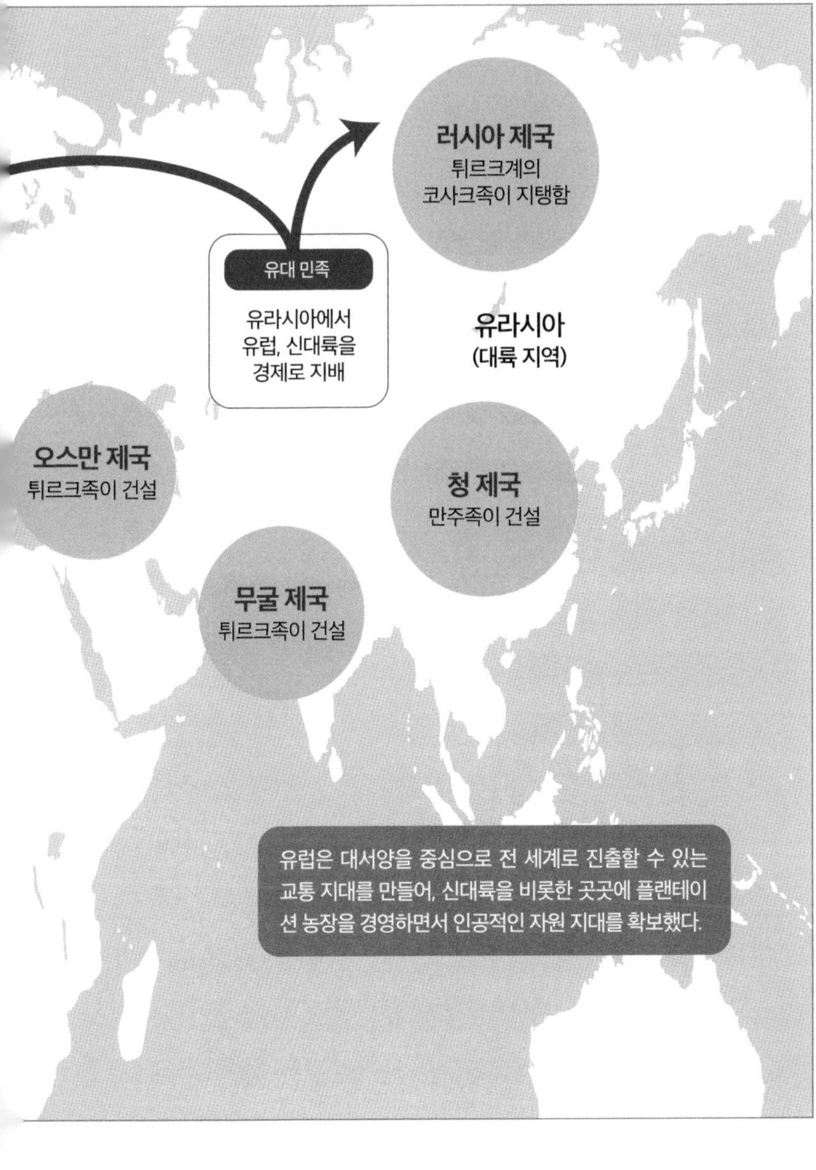
러시아 제국
튀르크계의
코사크족이 지탱함
유대 민족
유라시아에서
유럽, 신대륙을
경제로 지배
유라시아
(대륙 지역)
오스만 제국
튀르크족이 건설
청 제국
만주족이 건설
무굴 제국
튀르크족이 건설
유럽은 대서양을 중심으로 전 세계로 진출할 수 있는
교통 지대를 만들어, 신대륙을 비롯한 곳곳에 플랜테이
션 농장을 경영하면서 인공적인 자원 지대를 확보했다.

3장

역사의 기초를 닦은 세 민족

제1의 무대 - 이란족, 라틴족, 아랍족

이슬람화된 자원 지대

메소포타미아와 이란고원, 아라비아반도, 지중해

• • •

문명 탄생 시기에 자원을 생산했던 지역은 이집트와 메소포타미아(지금의 이라크 지역)였다. 이집트가 가장 풍요로웠지만, 동서가 사막으로 둘러싸인 폐쇄적인 지세 때문에 메소포타미아가 농업지역으로서 중요한 역할을 했다. 그런데 남부를 중심으로 여러 도시국가로 나뉘어 있었던 메소포타미아는 곡식을 재배할 수 있는 지역이 그리 넓지 않았다. 이집트의 농업지역 면적도 그와 비슷한 수준이었다. 즉, 자원 지대의 규모 자체가 작았던 것이다. 서아시아 역사가 유목민족을 중심으로 펼쳐진 이유가 바로 여기에 있다.

주변의 교통 지대로는 동쪽의 이란고원과 남서쪽의 아라비아반도가 있다. 두 곳 모두 대부분 사막과 황무지로 이루어져 있으며, 유목민이 생활하던 곳이었다. 약 250만 제곱킬로미터에 이르는 '건조의 바다' 지중해 역시 주로 이집트에 곡물 생산을 의존해야 했던 교통 지대였다. 이곳에서 상업민족인 페니키아인과 후발 주자인 그리스인 사이에 격렬한 상업 패권 다툼이 일어나기도 했다.

사라진 이집트인과 수메르인

이집트가 자원 지대가 된 것은 사막을 가로질러 흐르는 나일강 때문이었다. 규칙적으로 범람하는 나일강 덕분에 강 유역에 비옥한 농경지가 형성되었다. 이집트인들은 파라오의 지배 아래에서 홍수에 떠밀려온 기름진 부식토를 경작하며 생활을 영위했다. 그들은 나일강에 접해 있는 비옥한 땅을 '케메트(검은 땅)'라고 부른 반면, 물을 이용할 수 없는 척박한 땅을 '데슈레트(붉은 땅)'라고 부르며 두려워했다. 사막 한가운데를 통과해 지중해로 흘러나가는 나일강은 그들의 유일한 교통로이기도 했다.

그리스 역사가 헤로도토스가 '이집트는 나일강의 선물'이라고 말했듯이, 이집트인에게 나일강은 농업에 필요한 관개용

수를 제공해주는 고마운 존재였다. 이집트는 메소포타미아보다 관개농업을 하기에 훨씬 더 용이했다.

하지만 그만큼 나일강의 홍수 시기를 정확하게 예측해야 했다. 그들은 자연을 면밀히 관찰하여 동쪽 하늘에 시리우스성이 나타나는 특정 시기에 홍수가 일어난다는 사실을 알아냈고, 이를 기반으로 태양력을 만들었다. 실제로 나일강의 홍수는 에티오피아에 오랜 장마를 가져다주는 계절풍 몬순의 영향으로 생기기 때문에 정기적으로 일어났다.

이집트인이라는 호칭은 그리스인들이 붙인 이름이다. 수도 멤피스의 중앙에 있는 창조신 프타의 신전에서 유래했다는 설이 있다. 이집트 국호의 어원은 그리스어 '아이귑토스'인데, 아이귑토스는 '프타 신전이 있는 장소'를 의미한다고 한다. 이처럼 호칭을 외부 사람들이 붙인다는 점이 농경민족의 특징이라고 할 수 있다. 내부에 있는 사람들은 모두 같은 민족(혹은 부족)이므로, 자신들을 지칭하는 이름이 특별히 필요하지 않았기 때문이다.

곡창 지대인 이집트는 교통 지대에 세워진 페르시아 제국, 로마 제국, 이슬람 제국에 잇따라 지배당했고, 마지막에는 아랍족에 흡수되어 아랍어로 '미스르'라고 불리게 되었다. 미스르란 아랍족이 지배의 거점으로 건설한 '군사도시'라는 의미다.

한편 메소포타미아 남부에서 농업사회를 개척한 수메르인

은 우르, 우루크 등 약 20개의 도시국가를 건설하여 부족한 물을 둘러싸고 항쟁을 반복했다. 그들은 스스로를 '검은 머리'라고 부르며, 그들의 땅을 '왕의 땅'이라고 칭했다. 그러나 그들은 자신들이 하나의 민족이라고 인식하지는 않았다. 수메르라는 명칭 역시 북쪽에서 여러 차례 침입해온 유목민족 아카드인이 붙인 이름이다.

기원전 2300년경이 되자 아카드의 사르곤 1세가 수메르를 정복했다. 그 후 수메르인은 잠시 독립하여 우르 제3왕조를 세웠지만, 약 100년밖에 이어가지 못하고 이란고원에서 내려온 유목민에게 흡수되었다.

이처럼 고대 자원 지대였던 이집트와 메소포타미아의 농경민족은 교통 지대에서 활동한 유목민족의 지배를 받으며 결국에는 모두 아랍족에 흡수되었다. 덧붙여 말하자면, 세계사의 제1의 무대는 자원 지대인 이집트와 메소포타미아의 곡물 생산력이 낮았기 때문에, 뒤에 나올 나머지 무대와 비교했을 때 훨씬 규모가 작을 수밖에 없었다.

패권을 장악한 이란족, 라틴족, 아랍족

이집트와 메소포타미아 주변 교통 지대의 유목민족과 상업민족은 이란고원, 지중해, 아라비아반도에서 연이어 대제국을 건설했다. 메소포타미아 동쪽에는 사막과 황무지가 80퍼센트를 차지하는 이란고원(현재 이란과 아프가니스탄, 파키스탄에 걸쳐 있는 지역)이 있는데, 이란고원에서 메소포타미아로 진출하여 대제국을 세운 민족이 01 **이란(페르시아)족**이다. 이란족은 아케메네스 왕조 페르시아(기원전 550년~기원전 330년경), 파르티아(기원전 247년경~기원후 224년), 사산 왕조 페르시아(226년~651년)를 건설하여 약 1천 년 동안 서아시아를 지배했다.

아케메네스 왕조는 역사상 최초의 대제국으로, 이집트, 메소포타미아, 인더스까지 3대 문명을 통합하여 세계사를 새로운 단계로 끌어올렸다는 평가를 받는다. 이후 동방 원정을 통해 아케메네스 왕조를 정복한 인물이 바로 알렉산더 대왕으로 잘 알려진 마케도니아의 알렉산드로스 3세(기원전 356년~기원전 323년)다. 알렉산드로스 3세는 페르시아 제국의 왕이 되기를 염원했지만, 끝내 뜻을 이루지 못하고 말라리아로 숨을 거둔다.

그 후 지중해에서는 혼란이 계속되었다. 이집트의 자원 지대를 지배하기 위해 지중해의 02 **라틴족**은 상업민족인 그리스인과 손을 잡았다. 그들은 포에니 전쟁(기원전 264년~기원전 146년)에서 거대한 상업민족인 페니키아인을 쓰러뜨리고 기원전 27년에 마침내 로마 제국을 건설했다. 로마 제국은 지중해 지역을 통합했을 뿐만 아니라 갈리아 지역(지금의 프랑스, 벨기에 등지)까지 세력을 확장했으며, 훗날 형성될 유럽 세계의 기초를 닦았다.

✤ 중앙 유라시아와 4대 문명 ✤

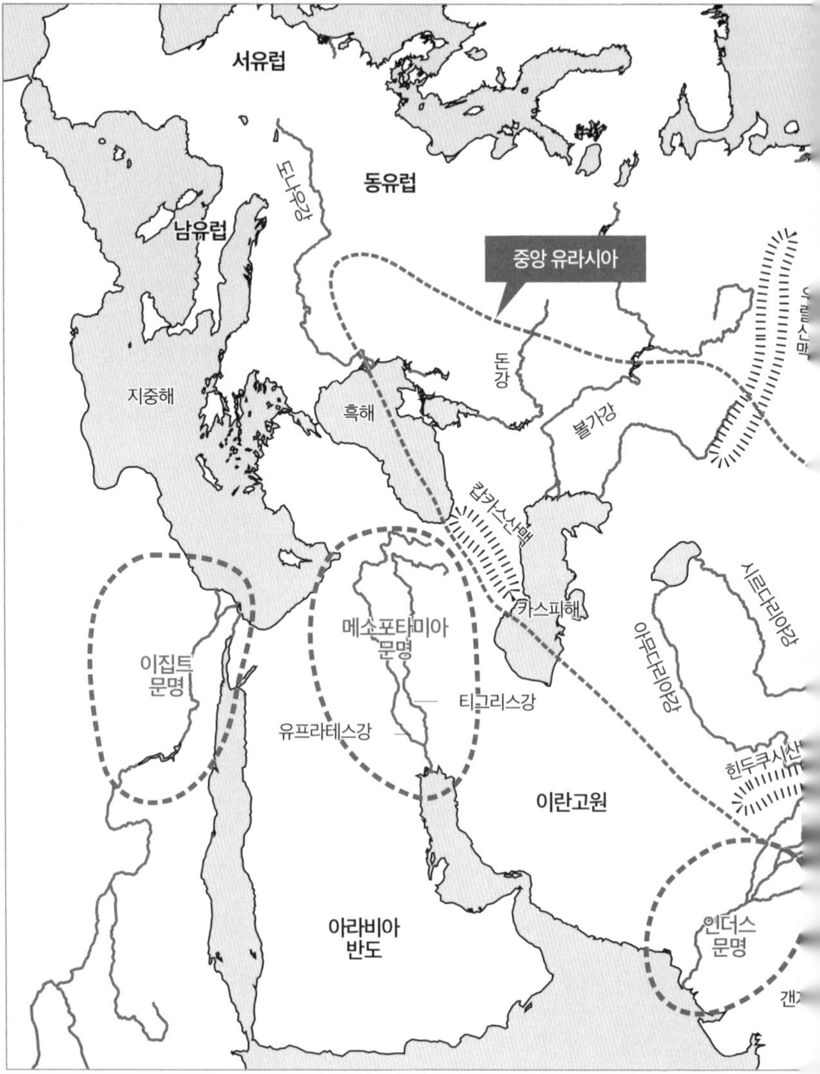

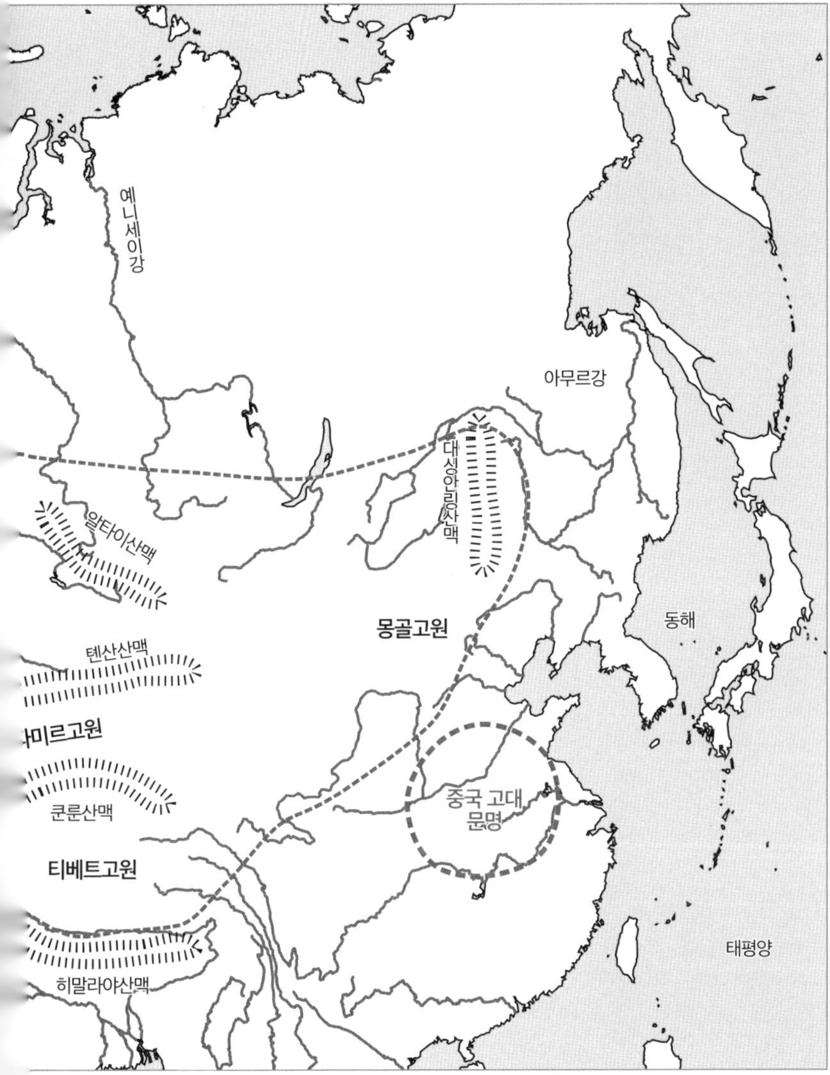
예니세이강
아무르강
대싱안링산맥
알타이산맥
몽골고원
톈산산맥
동해
미르고원
쿤룬산맥
중국 고대 문명
티베트고원
태평양
히말라야산맥

7세기가 되어 비잔티움 제국(로마 제국)과 사산 왕조(페르시아 제국)가 거듭된 전쟁으로 힘이 약해지자, 그 틈을 타고 아라비아반도의 셈계 민족 03 **아랍족**이 대두한다.

무함마드가 창시한 이슬람 교단으로 결집한 그들은 대규모 정복 운동을 전개하여 제1의 무대를 재편·통합함으로써 이슬람 제국을 건설했다. 이슬람 제국이 출현하면서 서아시아와 지중해 지역은 중세에는 이슬람 세계로서 다시 출발하게 된다. 이제부터 이 지역에서 활동한 3대 민족에 대해 상세히 알아보자.

01

이란족

서아시아를 지배하고 세계사의 기초를 다진 민족

3대 문명을 통합한 아케메네스 왕조

• • •

인도·유럽어족의 이란(페르시아)족은 전투용 마차chariot를 이용해 주변 지역을 정복해갔다. 그들은 이집트, 메소포타미아, 인더스 등 여러 문명을 통합하여 기원전 6세기부터 200여 년 동안 이어지는 세계 최초의 본격적인 대제국, 아케메네스 왕조 페르시아를 건설해 메소포타미아와 이집트의 곡창 지대를 지배했다.

기원전 6세기경 페르시아 제국은 이란고원에서 지중해에 걸친 넓은 영역을 20개의 주州(사트라페이아)로 나눴고, 왕의 부족과 대대로 내려온 가신의 부족 구성원을 사트라프(주의 수호자,

총독)로 칭하고 각 주에 파견했다. 그들은 조로아스터교의 광명신 아후라 마즈다의 대리인을 자청했던 페르시아 왕의 권위를 내세워 정복지의 부족장과 도시를 유연하게 지배했다. 문명화가 늦었던 이란고원에서 온 페르시아인은 스스로도 그 점을 잘 알고 있었다. 그래서 이란고원 남쪽에 있는 수도 페르세폴리스에 거대한 궁전을 세우고 매년 웅장한 의식을 거행하면서 왕을 신격화했고, 그 권위를 앞세워 넓은 영토를 통치했다.

페르시아 제국은 최초로 통화를 규정한 제국이기도 하다. 각지에서 세금으로 거둔 방대한 양의 은을 은화로 주조하여 전국에 유통했다. '움직이는 돈'인 통화는 일상생활에 큰 도움을 주는 편리한 도구였으므로, 이를 관리하는 권한을 가진 계층은

♜ 이란에 있는 페르세폴리스 유적지. 왕궁이 세워진 흔적이 지금도 남아 있다.

여러 민족들의 생활을 지배할 수 있었다.

페르시아 제국은 고도로 발달한 문명을 믿고 강력한 중앙집권화를 추구하다가 여러 민족의 반발 때문에 몰락한 상업민족 아시리아의 실패를 교훈 삼아, 각 지방 부족의 권익과 관습, 종교를 인정하며 다음과 같은 유연한 지배 정책을 펼쳤다.

① 시리아 사막의 상인 아람족의 말을 공용어로 삼는다.

② 메소포타미아의 중심 도시 수사와 소아시아(지금의 아나톨리아반도)의 경제 중심지 사르디스를 연결하는 '왕의 길'을 비롯한 대규모 도로망을 건설한다.

③ 역전제를 실시한다.

④ 동전을 통화로 삼는다.

이처럼 이란족은 긴 세월 동안 상업민족으로서 쌓아 올린 노하우를 적절하게 활용하여 약 200년간 상업 제국으로 존속할 수 있었다.

세계사를 통틀어서 보면, 문명 탄생 이후 5천 년간의 역사는 아케메네스 왕조의 성립 이전과 이후로 나눌 수 있다. 페르시아 제국은 문자, 달력, 도량형, 법률, 정치제도 등을 통일하여 현재의 동아시아, 서아시아, 남아시아, 지중해 등 세계 여러 지역의 토대를 쌓아 올렸다. 하지만 아케메네스 왕조는 사트라프의 자립화, 지배 민족의 오만과 사치 등으로 서서히 힘이 약해졌고, 피지배 민족의 반발로 몰락하기 시작했다.

이런 과정은 현대에도 통용되는 변치 않는 역사의 법칙이다. '부자는 3대를 못 간다'라는 속담도 있듯이 부모가 갖은 고생을 해서 축적한 부와 권력을 자식과 손자들이 당연하다는 듯이 이어받고는 사치에 빠지고 시대 변화에 대응하지 못하면 결국 모든 것을 잃어버리고 만다. 이는 세계사에서도 흔히 볼 수 있는 장면이다.

쇠퇴해가는 아케메네스 왕조에 마지막 일격을 가한 것은 마케도니아의 알렉산드로스 3세가 결행한 동방 원정이었다. 알

아케메네스 왕조 페르시아의 최대 영역

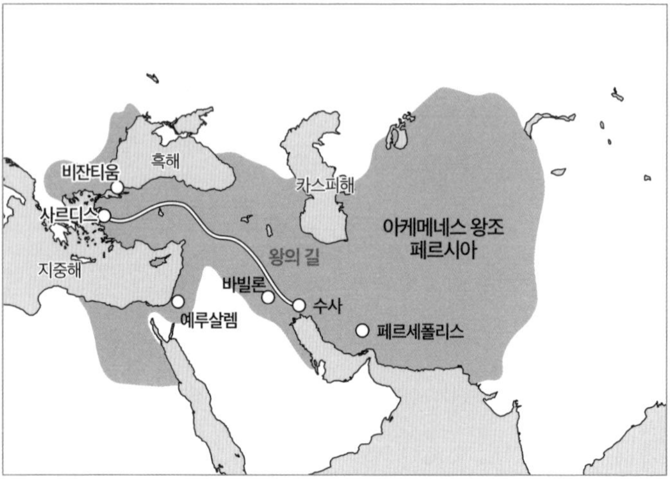

렉산드로스 3세는 기원전 330년 유목민족의 기마전술과 그리스에서 발달한 중장보병의 집단 전법을 융합해 아케메네스 왕조를 무너뜨렸다. 20대의 젊은 나이로 대제국을 무너뜨린 것은 엄청난 사건이었지만, 면밀하게 살펴보면 아케메네스 왕조가 무너진 가장 큰 이유는 그들의 이륜전차 전법이 시대에 뒤처졌기 때문이었다.

재건된 제국, 사산 왕조 페르시아

알렉산드로스가 폭음과 말라리아로 일찍 사망하자 서아시아와 지중해는 혼란 상태에 빠졌다. 이때를 틈타 이란계 유목민 부족이 이 지방을 점령하고 기원전 247년경 서아시아에 파르티아를 건설한다.

파르티아는 건국자의 이름을 따 아르사케스 왕조라고도 부른다. 서아시아를 여행하던 한나라의 장건은 아르사케스를 중국어 음차로 '안식安息'이라고 칭하기도 했지만, 서아시아에서는 나라를 세운 부족의 출신지인 이란고원 북동부 지방의 이름을 따서 파르티아라고 불렀다. 건국 세력들을 침략자로 인식했다는 뜻이다.

시간이 흐르고 파르티아 귀족과 유력한 농경민족이 연합해 옛 페르시아 제국의 재건을 목적으로 조로아스터교를 국교로 한 사산 왕조 페르시아를 세웠다. 사산이라는 명칭은 파르티아 붕괴기에 조로아스터교의 제사장을 지낸 인물의 이름이다. 그는 사산 왕조를 건국한 아르다시르 1세의 조부로 알려져 있다. 그들은 조로아스터교를 이용하여 '제2의 페르시아 제국'이라고 불리는 대제국을 건설했다.

당시 로마 제국은 50년간 황제가 26명이나 바뀔 정도로 대혼란(군인황제시대, 235년~284년)을 겪고 있었기 때문에, 사산 왕조는 서아시아와 중앙아시아에서 지중해까지 영향력을 끼치는 대제국으로 성장할 수 있었다.

이란족은 조로아스터교를 이용해 아케메네스 왕조와 사산 왕조라는 두 개의 대제국을 건설하고 1천 년 동안 넓은 영역을 지배했다. 그들은 이러한 과정을 거쳐 서아시아, 지중해, 중앙아시아에 큰 영향을 준 민족으로 성장했다.

642년 이슬람 제국군과의 전투에서 패배한 사산 왕조가 본격적으로 멸망의 길에 접어들면서 이슬람교를 내세운 아랍족의 지배가 시작되었다. 서아시아 지역의 패권을 잡은 이슬람 세력은 현재까지 이어지고 있다. 조로아스터교의 이란족 시대는 이렇게 막을 내렸다.

폴로 경기로 보는 이란족의 영향력

• • •

폴로라는 스포츠에 대해 들어본 적이 있을 것이다. 말을 타고 하는 하키 경기라고 생각하면 이해하기 쉽다. 폴로 경기용으로 제작된 셔츠가 바로 사람들이 여름에 즐겨 입는 '폴로셔츠'다. 1960년대 말에 유대계 디자이너 랄프 로렌이 창업한 미국 의류 브랜드 랄프 로렌의 로고에도 말을 타고 채를 높이 들고 있는 폴로 선수가 그려져 있다.

이 용맹스러운 스포츠는 19세기 영국인들이 인도에서 알게 되어 유럽에 전파한 것이다. 지금은 4명이 한 팀이 되어 공을 골대에 넣기 위해 경쟁하는 근대 스포츠로 발전했지만, 그 기원은 유목민족인 페르시아인들이 하던 경기였다.

폴로는 원래 말을 타고 상대가 쥔 염소 사체를 빼앗는 경기였다. 그래서 이름도 '염소를 끌고 가다'라는 의미의 페르시아어 '부즈카시'였다. 그러다 기원전 6세기 아케메네스 왕조 때 국기國技가 되어 이름이 '쇼간'으로 바뀌었다. 그 후 기마 군단의 훈련용 경기로 인도, 티베트, 중국에까지 보급되어 국제적인 경기가 되었다. 오늘날 쓰이는 폴로라는 명칭은 티베트어에서 유래된 것이라는 설도 있다. 티베트어로 공을 의미하는 단어 '풀루'가 폴로로 변형되었다고 한다.

몽골계 선비족이 세운 당 제국에서도 폴로가 크게 유행했다. 당삼채(세 가지 유약으로 채색한 화려한 도자기. 주로 귀족의 부장품으로 만들어졌다) 중에는 말을 타고 채를 휘두르는 여성의 모습을 나타낸 작품도 남아 있다.

폴로 경기는 이란족이 기마 기술을 원동력으로 대민족으로 성장했다는 증거이기도 하다. '페르시아'의 어원 역시 '파르스'로, '말을 탄 사람'이라는 의미다. 이란족은 이란고원 남서부에 있는 자신들의 생활 터전을 '파르스'라고 칭했으며, 그리스인들이 그것을 '페르시스'라고 부르면서 지금의 페르시아라는 이름이 만들어졌다. 그리스의 역사가 헤로도토스도 페르시아인들을 용감함과 정직을 미덕으로 삼는 소박한 기마민족이라고 표현했다.

♜ 폴로를 즐기는 여성을 표현한 당삼채. 페르시아에서 기원한 이 경기는 당에서도 크게 유행했다.

기마 기술을 체계화한 스키타이인

이란족은 유라시아 역사의 토대를 쌓아 올린 민족이었다. 예를 들어 우크라이나 지역의 스키타이인은 중앙아시아의 유목민족을 일대 군사 세력으로 성장하게 한 고삐, 말 위에서 활쏘기를 가능하게 한 단궁短弓, 기마 군단 등을 최초로 만든 이란계 민족이다.

스키타이인은 기마 기술 및 전법을 적용하여 기마 군단을 만들었고, 중앙아시아의 대초원에 살던 유목민들에게 기마 군단을 활용한 정복 사업을 널리 전파했다. 정복 사업이란 영토 정복 후 전리품을 얻고, 피지배층에게 세금을 징수하는 것을 의미한다.

기원전 6세기경, 아케메네스 왕조 페르시아의 다리우스 1세는 러시아 남부에서 대규모 군사 세력으로 성장한 스키타이인을 견제하기 위해 대군을 보냈으나 그들에게 패배했다. 이에 다리우스는 에게해에서 흑해로 가는 해협 쪽에서 스키타이인을 공격하려고 했지만, 그곳은 그리스인이 흑해 주변의 곡물을 얻기 위해 개발한 곳이었다. 이를 계기로 그리스 도시가 반란을 일으키면서 페르시아 전쟁이 일어났다.

다시 본론으로 돌아가면, 말을 다루는 가장 핵심적인 도구는 말을 원하는 방향대로 달리게 하는 고삐다. 기원전 6세기에

◆ 말의 치열 구조 ◆

스키타이인들은 말의 치열 구조를 살펴보다가 앞니와 뒤쪽 어금니 사이에 틈이 있다는 사실을 발견했다.

그림에서 볼 수 있듯이 초원의 딱딱한 풀을 먹는 말은 풀을 자르는 앞니와 씹어서 으깨는 어금니를 가지고 있다. 스키타이인은 그 사이에 있는 넓은 공간에 뼛조각(나중에는 금속 조각이나 재갈을 이용)을 걸치고 고삐를 걸어 말을 원하는 방향으로 움직일 수 있게 했다. 정말 대단한 발상이었다.

이 기술이 서쪽으로는 헝가리 초원에 전해졌고, 동쪽으로는 몽골고원, 만주 평원에까지 전파되어 유목민족의 역사를 바꿨다. 생활과 밀착된 기술에는 돈으로는 환산할 수 없는 가치가 있는 법이다. 말을 사육하며 생활하던 사람들이 기마민족으로 성장할 준비를 한 셈이었다.

또 말의 발굽은 사람으로 치면 발톱 같은 부분이라 다치기 쉬워서 원래는 짚신 같은 도구를 씌웠는데, 앞에서 언급한 파르티아 사람들은 편자를 만들어 말이 장거리를 달릴 수 있게 했다. 파르티아의 기마 기술은 상당히 발전해 있었다. 그들은 도망가는 척하다가 몸을 뒤로 돌려 추격해오는 적에게 활을 쏘는 기술인 '파르티안 샷'으로 로마인을 놀라게 하며 각지에서 존재감을 과시했다. 이 '파르티안 샷' 기술도 스키타이인에게서 나온 것으로 추정된다.

실크로드를 개척한 소그드 상인

유라시아 사막 지대를 동서로 잇는 거대한 교역로 실크로드를 개척한 민족 역시 이란계 소그드인이었다.

현재 중국이 구상하고 있는 '일대일로 전략'은 실크로드를 모델로 한 패권 전략이다. 그러나 실크로드는 단순히 중국 장안에서 지중해까지 이어지는 길이 아니라, '세계의 지붕'이라 불리는 파미르고원 기슭의 오아시스 지대와 소그드 지방(지금의 우즈베키스탄)에서 인도, 서아시아, 동아시아 등 사방으로 이어지는 교역로였다. 그 중심에 있는 소그드 지방은 과거에 아케메네스 왕조의 속주였으며, 소그드인 역시 이란계 민족이었다. 그들은 지정학상의 이점을 활용하여 오랜 세월 동안 역사에 남을 우수한 교역로를 만들었다.

소그드 사람들은 아케메네스 왕조의 공용어였던 아람어(아람인의 문자)를 활용하여 소그드 문자를 만들었는데, 이것이 동방의 유목민족에게 전달되어 훗날 튀르크계의 위구르 문자와 몽골계의 몽골 문자 등이 형성되는 데 영향을 끼쳤다.

실크로드의 주요 경로

소그드인들은 매우 유명한 상인이었다. 당의 수도인 장안 사람들이 그들의 장사 수완에 혀를 내두르며, "소그드인들은 아이가 태어나면 손에는 아교를 바르고, 입에는 꿀을 발라준다"라고 말할 정도였다. 아교를 바른 것처럼 한번 손에 들어온 돈은 놓치지 않고, 입으로는 달콤한 말로 상대를 설득해 거래를 성사시킨다는 의미였다.

아케메네스 왕조는 이런 소그드인, 시리아의 사막 상인 아람인, 지중해의 레바논 상인 페니키아인 등을 교묘하고도 적절히 이용한 상업 제국이었다.

'최후의 심판'을 기다렸던 조로아스터교

• • •

아케메네스 왕조는 조로아스터(자라투스트라)가 창시한 초원의 종교, 조로아스터교를 국교로 삼고 제국을 통치하는 데 이용했다. 조로아스터는 독일 철학자 니체의 대표작 《자라투스트라는 이렇게 말했다》의 주인공으로 잘 알려져 있다. 조로아스터교는 낮과 밤이 끝없이 반복되는 초원에서 탄생한 이원론으로, 모든 것을 낮의 광명과 밤의 암흑, 선과 악, 천사와 악마 두 세력의 대립으로 설명했다.

그들은 광명신이자 선의 신 아후라 마즈다를 따르는 천사와 인간, 반대로 암흑신이자 악의 신 아흐리만을 따르는 악마와 인간이 장렬한 싸움을 이어가는 탓에 낮과 밤이 바뀌고 행복과 불행이 반복된다고 여겼다. 그러나 결국에는 아후라 마즈다의 '최후의 심판'과 빛의 세상이 도래할 것이라고 주장했다. 밤이 사라지고 밝은 낮만 계속 이어지는 세상을 상상해보면 끔찍하게 느껴질지도 모르지만, 드넓은 초원의 천막 안에서 밤새 두려움에 떨어야 했던 유목민들에게는 꿈같은 이야기였을 것이다.

최후의 심판 사상은 현재까지도 유대교, 기독교, 이슬람교에서 큰 영향력을 발휘하고 있다.

로마 바티칸시국의 시스티나 예배당에서도 미켈란젤로의 역작 〈최후의 심판〉을 볼 수 있으며, 기독교인과 이슬람교인들은 모두 심판의 날이 올 것을 확신하며 내면을 다스렸다. 이슬람교의 창시자 무함마드는 최후의 심판일이 다가오고 있다며 스스로를 신의 말을 전하는 능력, 즉 카리스마를 지닌 예언자라고 주장했다. 그리고 자신의 뒤를 이을 예언자는 없다고 선포하며, 신의 의지를 집대성한 경전이라 불리는《코란》만이 격변하는 세계를 해석할 수 있는 도구라고 말했다.

하지만 이슬람 세계는 이자를 받는 것을 금지하고 음주를 허용하지 않는 등의 계율을 엄격히 지키도록 요구하여 자본주의사회에 적절하게 대응하지 못하고 경직되었다는 평가를 받기도 한다.

이란의 지하 수로가 일본까지 전해졌다?

이란족은 건조 지대의 농업에도 크게 공헌했다. 그들은 약 2천 년 전에 이란고원에서 개발한 지하 수로 카레즈(페르시아어 명칭, 일반적으로 지금은 아랍어로 '카나트'라고 부른다)를 북아프리카부터 동아시아의 건조 지대에까지 널리 보급했다.

사막 지대에서는 매우 더운 날씨 때문에 지상 수로를 만들면 물이 금방 말라버려서 지하 수로를 통해 식수나 농업용수를 공급해야 했다. 카레즈는 비교적 제작하기 쉬운 지하 수로다. 20~30미터마다 수혈竪穴을 파고 구덩이의 바닥을 터널로 연결해 산기슭 등에서 솟아나는 지하수를 수십 킬로미터 떨어진 곳까지 끌어오는 원리다. 이 기술은 건조 지대에서 밭을 일구는 데 큰 도움을 주었다.

카레즈가 고대 나라奈良 시대 때 일본에 전파되었다는 주장도 있다. 페르시아와 일본은 거리상 멀리 떨어져 있긴 하지만, 나라 시대 왕실의 유물 창고인 쇼소인에는 당시 중국 당에 파견된 사신인 견당사 일행이 가져온 물 주전자, 접시, 악기 등과 같은 페르시아풍의 물건들이 보존되어 있다. 7세기 중기 사산 왕조가 이슬람 군단에 의해 멸망한 뒤 많은 이란인이 당의 장안으로 이주했기 때문에, 그 문화가 견당사에 의해 일본까지 전파됐을 가능성이 있다.

카레즈의 영향을 받은 것으로 추정되는 행사가 바로 일본의 유명한 사찰 도다이지에서 열리는 '오미즈토리'다. 오미즈토리는 니가쓰도에서 열리는 법회인 슈니에修二會 중에 이루어지는 의식으로, 새벽 1시에 5명의 연행승과 시종이 횃불을 들고 불당에서 물러나 '와카사이'라는 우물에서 향을 달인 물인 향수를 길어 본존불 십일면관세음에 바치는 의식이다.

와카사이라는 우물 이름의 뜻을 살펴보면 흥미로운 점을 발견할 수 있다. 과거 도다이지의 사유지가 와카사(지금의 후쿠이현)에 있었는데, 그들은 와카사에 있는 물이 지하도를 통해 흘러와 니가쓰도 아래에 있는 두 개의 웅덩이에서 솟아난다고 생각하여 그 우물을 '와카사이'라고 불렀다. 하지만 와카사와 도다이지는 90킬로미터나 떨어져 있었다.

그래서 사람들은 이 과정에서 이란의 카레즈 방식이 도입되었을 것이라고 추론했다. 고대 이란어에 정통한 언어학자 이토 기쿄 교수는 오미즈토리가 카레즈로 물을 보내는 아이디어를 근거로 한 행사라고 보았다.

오랜 역사를 자랑하는 오미즈토리 행사는 도다이지를 창건한 로벤의 제자인 짓추에 의해 752년에 시작됐다고 전해진다. 때는 역병의 유행을 잠재우기 위해 도다이지의 대불 비로자나불의 개안공양(상에 눈을 그려넣는 의식)이 이루어진 해였다. 고대 일본의 최대 행사였던 이 의식에는 많은 외국인이 초대되었다.

개안 법회를 이끈 승려는 남인도의 브라만 승려인 보다이센나였다. 화엄경을 독경하던 중 200미터의 밧줄로 만든 거대한 붓으로 대불에 눈을 그려넣었다고 한다. 그때 인도인 보다이센나와 함께 초대받은 이가 이란인 리미쓰에이였다. 이 사람이 어떤 인물인지에 관해서는 여러 설이 있지만, 그중 하나가 페르시아의 공예 기술을 전수하던 장인이었다는 주장이다.

이토 교수는 오미즈토리 행사를 시작한 짓추의 이름이 고대 이란어 '주드(다르다)'와 '치후르(종족)'를 합쳐 만든 것이라고 추측했다. 이름 자체가 '이방인'이라는 뜻으로 여기서는 이란인을 뜻한다. 그는 또한 오미즈토리 행사에는 불을 섬기는 조로아스터교의 교리와 의식이 담겨 있다고 생각했다. 만약 이러한 추정이 사실이라면, 이란 문명의 영향은 고대 일본에까지 이르렀다고 말할 수 있다.

이란족은 왜 아랍족에게 패권을 빼앗겼을까

• • •

조로아스터교를 국교로 삼았던 사산 왕조 페르시아에서는 신의 대리인을 자청한 왕이 독재정치를 펼쳤다. 왕은 화려하고 무거운 왕관을 쓰고, 사람들은 왕 앞에서 무릎으로 걸어야 했으며 입김이 왕에게 닿지 않도록 마스크를 쓰고 말했다고 한다.

사산 왕조의 완고함과 보수성을 잘 보여주는 예가 하나 있다. 조로아스터교를 바탕으로 불교, 기독교를 융합하여 만든 종교인 마니교를 탄압한 사건이다. 마니교를 창시한 마니는 체포되어 결국 276년경에 죽임을 당했다.

상인들은 압제정치를 싫어했기 때문에 이 사건 이후 사산 왕조는 점점 상업 제국의 색채를 잃어갔다. 동서 교역이 정체되고 군사독재가 심해지다 보니 여러 민족의 불만이 거세졌다. 이런 상황에서 알라신 앞에서는 모든 사람이 평등하다고 주장하는 이슬람 세력이 등장해 사람들의 관심을 끌기 시작했다.

사산 왕조는 642년에 니하반드 전투에서 패배하여 멸망했다. 사산 왕조가 멸망한 후 서아시아에서는 이슬람화가 급속도로 진행되었다. 고대에서 중세로의 전환이 이루어지는 시기였다. 하지만 민족에 대한 자긍심이 있던 이란족은 아랍 문자를 쓰지 않고, 계속해서 페르시아 문자와 페르시아력을 사용했다. 페르시아 문자, 미술, 공예는 섬세한 멋이 있다. 페르시아 융단은 치밀하면서도 화려하여 감탄이 절로 나올 정도다. 다른 문화를 따르지 않고 자신의 길을 추구하는 완고함이 이란족의 장점일지도 모른다.

이란은 1979년 이슬람교의 반주류파인 시아파의 지도자 호메이니가 이끈 이란혁명 이후 한결같이 시아파에 대한 믿음을 지키고 있다. 그들은 이란혁명으로 이슬람교의 원점으로 회귀하자는 복고적인 민족주의를 내걸고 현재 서양 국가들이 주도하는 세계 질서에 반기를 들고 있다. 세계사의 기반을 다진 이란족의 눈에는 어쩌면 19세기 이후에 팽창한 유럽과 미국이 그저 풋내기로만 보일지도 모르겠다.

02

라틴족

로마 제국을 건설하고 유럽 세계의 토대를 마련한 민족

지중해와 페니키아인

• • •

세계사를 살펴보면, 각 시대에 힘이 셌던 민족의 주장이 역사를 좌우하여 객관적인 역사 인식을 방해하는 경우가 종종 있다. 고대사 중에서도 연구가 집중적으로 이루어진 그리스, 특히 아테네의 역사가 그 대표적인 예다.

19세기 유럽인들은 유럽 문명이 헬레니즘(그리스 문명)과 헤브라이즘(기독교)이 합쳐져 형성되었다고 보고, 그리스 역사를 세계사의 원류로 여겼다. 유럽 역사학을 집대성한 독일의 역사학자 랑케(1795년~1886년)는 "모든 고대사는 로마라는 호수로 흘러들어 가며, 모든 중세사는 로마라는 호수에서 흘러 나간다"라고 말했다. 그런데 그의 주장은 정말 맞는 말일까?

라틴족이 세계 최초의 해양 제국을 건설했던 곳인 지중해는 아시아와 유럽, 아프리카 세 개의 대륙을 잇는 특수한 위치에 있다. 자원 지대와 교통 지대의 관점에서 보면, 지중해는 이집트와 메소포타미아의 교통 지대에 해당한다. 서아시아와 마찬가지로 건조한 기후 탓에 곡물이 충분히 생산되지 않아, 이집트 등 다른 지역에서 식량을 들여와야 했기 때문이다.

여름에 비가 내리지 않는 지중해성기후는 포도, 올리브, 무화과 등을 재배하기에는 적절하지만, 밀이나 보리를 키우기에는 적절하지 않았다. 연간강수량을 확인해보면 얼마나 건조한 지방인지 쉽게 알 수 있다.

아테네: 약 400밀리미터 **알렉산드리아**: 약 340밀리미터

카르타고: 약 470밀리미터 **로마**: 약 870밀리미터

게다가 지중해 남쪽에는 지중해보다 더 넓은 사하라 사막이 있다. 사하라 사막은 아프리카 면적의 3분의 1을 차지하는데, 이는 미국 전체 면적과도 비슷한 규모다. 이 때문에 여름에는 무더위가 계속 이어져 스페인 등 몇몇 나라에서는 3시간 정도 낮잠을 자는 시에스타 풍습이 생겨났을 정도다.

지중해 세계

지중해 연안은 이집트와 메소포타미아 같은 농업지역에 경제적으로 종속될 수밖에 없었다. 그럼에도 이 지역을 '오리엔트'로 분리하여 '역사는 그리스에서 시작되었다'라고 주장하는 것은 실정에 전혀 맞지 않는 말이다.

지도에서 이탈리아반도, 시칠리아섬, 북아프리카의 튀니지를 선으로 이어서 보면, 개발된 동지중해와 미개발된 서지중해로 나눌 수 있다. 처음에 동지중해는 서아시아와 동일한 세계였다. 동지중해의 상업을 지배한 민족은 '레바논 삼나무'라는 거목을 생산하는 레바논 지방의 페니키아인이었다. 건조 지대에서는 거목이 자라지 않았기 때문에, 이집트, 메소포타미아 등에서 신전이나 궁전을 지을 때 레바논 삼나무가 대들보로 사용됐다고 한다.

아케메네스 왕조도 페니키아인을 이용하여 동지중해 상업을 지배했다. 페니키아인들은 그야말로 '고대의 종합상사'라고 할 수 있을 정도로 광범위한 무역 활동을 펼쳤다. 지중해 중앙부에 있는 여러 섬을 잇는 지중해 횡단 항로를 개발한 사람들도 페니키아인이었다.

페니키아인은 서지중해의 출입구에 해당하는 시칠리아 해협을 주목했다. 동서로 나뉜 지중해를 연결하는 해협에는 이탈리아반도와 시칠리아섬 사이에 위치한 메시나 해협 그리고 시칠리아섬과 튀니지 사이에 위치한 시칠리아 해협이 있었지만, 메시나 해협은 조수의 흐름이 빨라서 당시의 배로는 지날 수 없었다. 즉 시칠리아 해협이 유일한 항로였던 셈이다.

페니키아인은 그곳에 식민도시 카르타고를 건설해 다른 상인의 배는 통과시키지 않고, 서지중해를 독점으로 지배했다. 다시 말해 지중해는 당시 아케메네스 왕조에 지배를 받던 상업민족 페니키아인의 패권 아래에 있었다.

그리스인은 어떻게 상업 패권을 차지했을까

페니키아인의 상업 패권에 도전한 사람들이 에게해의 섬과 그 주변을 거점으로 활동하던 신흥 상인 그리스인이었다. 상인들은 군사력이 약했기 때문에, 성장하기 위해서는 군사 세력과의 결탁이 필요했으며 행운 역시 따라줘야 했다.

그리스 상인이 성장할 수 있었던 배경에는 여러 사건들이 있었다.

① 마케도니아의 왕 알렉산드로스 3세의 페르시아 제국 정복(기원전 330년)

② 이탈리아 중부에 있는 라틴족의 도시국가 로마의 이탈리아반도 통일(기원전 272년)

그리스 상인들은 이러한 정치 상황을 교묘히 이용하여 지중해의 상업 패권을 차지했다.

동방 원정에 나선 알렉산드로스의 군대가 레바논을 통과하면서 페니키아인의 거점 항구인 티레를 철저하게 파괴했고, 기원전 332년에는 곡창 지대인 이집트 삼각주에 그리스 상인의 거점 도시 알렉산드리아를 건설했다. 알렉산드리아는 "세상 모든 것이 있는 도시로, 없는 것은 눈뿐이다"라는 말이 있을 정도로 눈부신 발전을 이뤘다.

페르시아의 멸망으로 서지중해의 출입구인 카르타고만이 페니키아인의 최후의 거점으로 남게 되었다. 그러나 그리스 상인은 이탈리아반도를 통일한 중부 라티움 지방의 군사도시 로마를 이용하여 카르타고를 무너뜨리게 된다.

♜ 신화에 등장하는 로마의 시조 아이네이아스가 이탈리아의 라티움에 상륙하는 장면이다. 라틴족은 라티움 지방에 사는 사람들을 지칭하는 말이었다.

원래 라틴족이란 라티움 지방에서 사는 주민을 의미하는 만큼 라틴족은 현지 지역에서만 활동하는 세력이었다. 라틴족과 동맹을 맺은 그리스인 역시 당시로 보면 변방에 위치한 이탈리아 남부와 시칠리아섬에 '마그나 그라에키아Magna Graecia(위대한 그리스)'라고 불리는 많은 식민도시를 건설한 지역 세력이었다. 라틴족이 사용한 '그리스인'이라는 명칭도 '그라에키아 지방에 사는 사람들'이라는 의미였다. 본토의 그리스인은 자신들을 영웅 헬렌의 자손이라는 의미로 '헬레네스'라고 불렀다.

시칠리아섬의 지역 분쟁에서 시작된 포에니 전쟁(로마와 카르타고 사이에 일어난 전쟁으로, 포에니는 페니키아인이라는 의미다)이 3차에 걸쳐 100년 이상 지속되는 과정에서 그리스인은 상업 패권을, 라틴족은 정치 패권을 손에 넣게 되었다. 기원전 146년에 로마는 카르타고를 불태우고 살아남은 5만 명의 남녀를 모두 노예로 삼아 서지중해의 지배권을 획득했다. 기원전 30년에는 이집트의 알렉산드리아를 점령하여 지중해의 지배 범위를 넓혔다.

이리하여 이탈리아반도의 지역 군사 세력에 불과했던 라틴족이 그리스 상인을 파트너로 삼아 지중해의 패권을 차지하게 된다. 잇따른 정복 전쟁으로 제국을 건설한 로마는 체계화된 관료제가 없어, 세금 징수, 신전 건설, 토목 사업 등과 같은 경제 활동을 그리스인에게 맡겼다. 기원전 1세기에 활동한 로마 시인 호라티우스는 "로마는 그리스를 정복했지만, 문화적으로는 그리스에 정복당했다"라고 말하기도 했다.

사병 집단의 결합으로 이루어진 로마 제국

● ● ●

로마 군대의 핵심은 시민으로 구성된 중장보병이었다. 따라서 로마는 부족이 결합하여 정복 전쟁을 일으키는 유목민족과는 다른 형태로 군사 대국으로 성장했다.

로마에서는 야심과 권력을 가진 유력자가 부족의 장로로 구성된 정치 조직인 원로원에 대항하기 위해 자기 재산을 털어 사병 집단을 조직하는 경우가 있었는데, 그중 대표적인 인물이 바로 카이사르다. 카이사르는 정복 전쟁으로 영지를 확대하며 부를 쌓고, 파벌끼리 싸우면서 점점 힘을 키웠다. 그는 자신이 정복한 갈리아의 부족장을 원로원 의원으로 보내 자기 세력을 더욱 공고히 했다.

로마는 다른 민족에 대해서 비교적 관대한 태도를 보였다. 패자에게도 로마 시민권을 주고, 종교를 인정하며 신전도 건설하게 했다. 보통 피지배 민족을 가혹하게 대할지, 관대하게 대할지는 지배자의 생각에 따라 결정되긴 하지만, 원래 라틴족은 수가 많지 않은 약소민족이었기 때문에 피지배 민족이 가능한 한 빨리 로마에 동화되도록 적극적으로 나설 수밖에 없는 입장이기도 했다. 동화와 혼혈화는 라틴족을 대민족으로 성장하게 한 동력이었다. 피정복민의 신도 인정하다 보니 로마가 받아들인 신의 수는 거의 30만에 달했다. 크게 유행했던 종교에는 기독교, 페르시아의 미트라교, 유대교 등이 있다.

권력자가 되어 원로원을 위협할 정도의 세력을 손에 넣었던 카이사르는 암살당했지만, 그 일파에서 나온 옥타비아누스가 정쟁에서 승리하게 된다. 옥타비아누스는 원로원으로부터 아우구스투스(라틴어로 위엄 있는 자, 존엄한 자라는 의미)라는 칭호를 얻는다.

옥타비아누스는 임페라토르(원로원에서 명령권을 부여받은 공직자라는 의미로, 로마군의 최고사령관을 가리킴)와 프린켑스(제1인자 혹은 원수)로 추대되었고, 이에 원수가 원로원에서 지배 권한을 위탁받는 형태의 정치 체제인 프린키파투스, 즉 원수정을 확립했다. 당시 로마 제국이란 원로원의 명령이 미치는 지역 전체를 가리키는 것이었다. 제국의 확대는 로마군의 군사 통제가 가능한 지역의 확대를 의미할 뿐, 영토를 명확하게 구분하기는 힘들었다.

다신교를 인정한 로마에서는 황제나 장군도 사후에 신격화되었다. 그래서 최대의 사병 집단을 조직한 카이사르도 신으로 추앙받았다. 카이사르 당파의 사람들이 황제의 자리에 올랐기 때문에, '카이사르'는 곧 황제를 지칭하는 말이 되었다. 로마 제국이 멸망한 뒤 신흥 국가의 지배자들은 로마 황제의 권위를 이용하고자 스스로를 카이사르라고 칭했다. 가령 신성 로마 제국의 '카이저', 러시아의 '차르' 역시 카이사르에서 비롯된 것으로 모두 황제를 일컫는 말이다.

교과서나 다른 책에서는 로마 제국의 이미지가 상당히 부풀려져 있지만, 사실 로마 제국은 라틴족의 파벌 및 부족 등의 사적 집단이 결합한 형태였으며, 제국의 확대와 계승이 명확하게 이루어지지 않았다.

로마에서 시민권이 발달한 이유, 법률

• • •

유력한 부족이 중요한 지위를 독점했던 서아시아 등의 다른 제국과는 대조적으로, 변방에 위치한 로마에서는 서민들의 활약이 눈에 띈다.

로마에서는 법률에 따라 원로원의 권한이 제한되었으며, 서민층의 신분 상승이 가능했다. 사람들의 실정에 맞게 자체적으로 법을 제정하는 방식이 라틴족 사회에 정착했던 것이다. 이러한 발상은 근대 유럽에서도 이어졌다.

로마 법률의 출발점은 기원전 450년경에 제정된 12표법이다. 기존의 법은 전례와 관행을 기반으로 했기 때문에 귀족들이 이를 마음대로 해석하곤 했다. 하여 평민들은 성문화된 법을 요구했고 그 결과 12표법이 탄생했다.

12표법은 12개의 판에 적혀 공시되었다. 로마인들은 분쟁이 발생하면 이 법을 토대로 문제를 해결하고자 했다. 시간이 흐르면서 12표법은 사회 변화에 맞춰 조금씩 개정되었다. 개정된 부분은 자동으로 소멸되어 200년 후에는 그중 3분의 2가 새로운 조문으로 채워졌다고 한다.

아이들은 자신의 권리를 지키기 위해 이 조문을 암기해야 했다. 법률은 자신을 지키는 수단이었다. 그러나 지금도 마찬가지지만, 힘 있는 부족이 연합하여 권력을 독점하는 수직형 사회

12표법의 내용(일부 발췌)

※ 법의 내용은 여러 분야에 걸쳐 있으며, 민사소송, 채무, 가족, 상속, 재산, 부동산, 장의, 결혼, 불법행위, 범죄 등에 관한 법과 규칙이 명시되어 있다.

제1표

- 재판 출두를 요구받은 자는 출두해야 한다. 그가 출두하지 않을 경우, 그를 고소한 자는 증인을 소환해야 한다. (이하 생략)

제3표

- 채무를 인정한 자나 변제하라는 판결을 받은 자는 30일 이내에 변제해야 한다. (이하 생략)

제5표

- 상속인이 없는 자가 유언을 남기지 않고 사망했을 경우, 부계의 친족 중 혈연상 가장 가까운 자가 상속받는다. (이하 생략)

제7표

- 도로를 만들었으나 황폐해진 경우에는 통행인이 자유롭게 가축을 풀어놓을 수 있다. (이하 생략)

제8표

- 타인에게 장애를 남길 정도의 부상을 입혀 당사자와 화해하지 못한 경우, 부상을 입힌 사람에게 같은 수준의 복수를 허락한다. (이하 생략)

제10표

- 시내에서 시신을 화장하거나 매장해서는 안 된다. (이하 생략)

제12표

- 노예가 도둑질을 하거나 타인에게 손해를 끼친 행위에 관여하였을 때 그 사실을 주인이 알고 있었을 경우에도 주인은 노예의 행위에 대한 복수에서 면제받을 수 있다. (이하 생략)

에서는 서민을 지키기 위한 법률은 제대로 된 힘을 발휘하지 못한다.

기원전 1세기에 활약한 웅변가 키케로는 이렇게 말했다. "설령 사람들이 반대한다고 해도 법의 기원은 12표법이다." 라틴족은 권력자끼리 연합하여 지배하는 형태를 거부하고, 법률을 통해 전례와 관행의 벽을 깨부수고자 했다. 이와 같은 강력한 서민의 힘이 라틴족 발흥의 원천이었다.

같은 시대 지중해 도시 중에서도 아테네는 혈통을 중시하는 폐쇄적 사회였다. 부모가 모두 아테네인이어야만 자식들이 시민권을 얻을 수 있었던 아테네와 달리, 로마에서는 혈통이 아니라 로마라는 공동체를 위해 헌신할 의지가 있으면 시민권을 얻을 수 있었다. 그래서 전쟁에서 패한 피지배층에게도 시민권을 줬다. 이렇게 다양한 사람들이 더해질수록 법을 개정해야 하는 상황도 늘었다. 이는 지역 세력이자 약소민족의 국가였던 로마가 세계적인 제국으로 성장할 수 있었던 계기가 되었다.

하지만 한편으로 로마는 식민지인 속주屬州에서 거둬들인 막대한 세금으로 나라를 유지했다는 점에서 지나치게 가혹했다는 평가를 받는다. 아시아 총독으로 근무했던 제정 초기의 역사가이자 《게르마니아》, 《연대기》의 저자로 유명한 타키투스가 "로마는 폐허를 만들고, 그 위에서 평화를 외친다"라고 말할 정도였다.

라틴족이 대민족으로 성장한 과정

로마 제국은 지중해에서 곡물을 생산하기 어려워 식량의 40퍼센트를 이집트에 의존해야 했다. 하지만 지중해 주변의 속주를 수탈하는 것만으로는 로마 시민의 생활을 유지할 수 없었기 때문에, 카라칼라 황제는 212년 속주를 포함한 제국의 모든 자유민에게 시민권을 부여했다. 일설에 따르면, 카라칼라 황제의 목적은 더 많은 사람에게서 상속세를 거두는 데 있었다고 한다. 자유민이 아닌 자는 상속세를 지불할 의무가 없었기 때문이다. 여하튼 이 사건은 로마라는 도시국가를 세계적인 제국으로 확대시켰다는 면에서는 큰 의의가 있다. 지중해 주변 각지에 5천 672개나 되는 도시가 세워졌고, 지중해 세계는 빠르게 로마화되었다.

시민권을 부여함으로써 지중해의 여러 민족이 로마에 동화되었을 뿐만 아니라, 로마에 살던 라틴인들도 포에니 전쟁에서 승리하면서 이베리아반도로 이동했고 일부는 카이사르의 갈리아(지금의 프랑스 지역) 정복 이후 유럽 각지로 이주했다. 하지만 라틴족만으로는 여전히 인원이 부족했다. 그들은 갈리아 지역에 거주하던 켈트족인 갈리아인을 병사로 등용했으며, 능력과 공적에 따라 발탁하여 원로원 의원 자격도 부여했다. 켈트족을 통해 라틴족은 유럽 세계로 뻗어나갈 발판을 마련했다.

로마는 유럽을 지배하기 위해 평탄하고 직선적인 군사 도로를 만들었다. 무거운 공성 병기와 대량의 군량을 운반하기 위해 오르막길을 최대한 피했고, 강에 다리를 놓고 산을 깎는 등 대규모 토목 공사를 단행했으며, 약 15킬로미터 간격으로 도로와 역참을 지키는 군대를 배치했다. 유럽의 주요 도시인 런던, 파리, 빈 등은 모두 로마의 군영 도시에서 발달한 곳이다.

프랑스 시인 라 퐁텐은 "모든 길은 로마로 통한다"라는 말을 남겼다. 로마 제국의 변방이었던 유럽의 입장에서는 그렇게 보였던 것이다. 로마 제국은 서유럽의 선주민 켈트족을 받아들여 민족의 규모를 늘리며, 이탈리아, 프랑스, 포르투갈, 스페인, 루마니아의 땅을 라틴 민족의 세계로 바꿨다.

세 민족이 함께 살아가는 유럽

크게 보면 유럽은 라틴족과 4세기 이후 침입한 게르만족, 동부의 슬라브족이 각자의 생활 터전을 지키며 살아가는 세계라고 할 수 있다.

라틴족은 본거지인 이탈리아반도와 로마 제국 시대에 많은 로마인이 이주한 이베리아반도 및 갈리아에 주로 거주했다. 그들이 사용했던 로마 제국의 공용어 라틴어는 유럽 공통의 고전어가 되었다. 러시아, 폴란드, 체코, 발칸반도 등지에는 슬라브어를 쓰는 슬라브족이 거주했는데, 그들은 러시아 서부에서 폴란드, 벨라루스 등을 거쳐 동유럽 전역으로 퍼졌다. 슬라브는 '말, 언어'라는 뜻으로, 고대 그리스인이 발칸반도 북쪽에서 만난 슬라브인에게 어떤 말을 쓰는지 질문했는데, 그들이 '슬라브'라고 대답한 데서 유래했다고 한다. 러시아어로 슬로보slovo는 '말'을 뜻하는 단어다.

힘이 약하고 외모가 아름답다고 알려진 슬라브족은 비잔티움 제국과 이슬람 제국, 그리고 유럽의 여러 국가에서 노예로 매매되는 경우가 많았다. 노예라는 의미의 영단어 'slave'도 여기서 파생되었다. 슬라브족은 비잔티움 제국의 키릴로스와 메토디오스 형제의 포교 활동으로, 그리스 문자를 변형한 키릴 문자와 그리스 정교를 받아들이게 되었다. 다만 예외적으로 폴란드 같은 가톨릭 국가도 있다.

게르만족은 동방에서 유럽으로, 중유럽에서 북유럽으로 이주했다. 한랭한 지역에 거주했던 게르만족은 농사를 짓기가 힘들어 곤궁한 생활을 했지만, 부족 간의 항쟁이 상대적으로 덜했다. 이로 인해 게르만 세계(신성 로마 제국, 962년~1806년)는 지배 체계가 비교적 안정된 편이었다. 유럽에서는 이처럼 라틴족의 로마 교황과 게르만족의 신성 로마 제국의 공동 통치 체제가 오랫동안 지속되었다.

대항해시대 이후 라틴 세계의 확대

• • •

16세기경 대항해시대가 시작되자, 라틴계 스페인인과 포르투갈인의 신대륙 진출로 원주민과의 혼혈이 이루어졌다. 스페인인은 '스패니시'라고 하는데, 스페인계 이민자의 자손은 '히스패닉'이라고 부른다. '히스패닉'은 이베리아반도를 뜻하는 라틴어 '히스파니아'의 형용사형 '히스파누스'에서 유래했다. 로마 제국 시대에 유럽으로 확장된 라틴 세계는 대서양을 넘어 중남미까지 뻗어나갔다.

한때 '히스파노 아메리카'라고 불렸던 중남미는 19세기에 '라틴 아메리카'라는 이름을 얻었다. 멕시코 파병으로 중남미 진출을 꿈꾸던 나폴레옹 3세가 프랑스인도 신대륙 정복에 참여했다는 의미로 붙인 이름이다. 물론 지배를 정당화하기 위한 조처였다. 브라질에 포르투갈인이 진출한 사례도 있어 현재는 이 명칭이 일반화되었다. 지금은 아메리카 대륙으로 이주한 유럽인의 자손 전체를 '라티노'라고 부르며, 스페인어를 일상어로 쓰는 라틴 아메리카계 주민을 '히스패닉'이라고 한다.

스페인어로 '인디오'라고 불렸던 아메리카 대륙의 원주민들은 말과 총포를 가진 스페인 콩키스타도르(정복자)에 의해 정복당했다. 그와 동시에 천연두가 유행해 1세기 동안 원주민의 약 80퍼센트가 사망했다. 그 결과 아메리카 대륙에 거주하는 라틴족의 비율이 상대적으로 높아졌다. 또한 브라질과 카리브해의 사탕수수 플랜테이션, 카리브해와 남아메리카의 면화 플랜테이션이 확대되면서 정복자들이 아프리카 서안에서 많은 노예를 데려와 흑인 비율이 높아졌다. 유럽인과 흑인은 천연두에 항체가 있어 전염병이 유행하는 상황에서도 살아남을 수 있었다.

03

아랍족

이슬람 세계와 대규모 상업권을 구축한 민족

메카에 떨어진 검은 돌

• • •

넓은 사막 지대로 이루어진 아라비아반도는 여름에는 기온이 50도가 넘고 겨울에는 영하로 떨어지는 곳으로, 세계에서 손꼽힐 정도로 척박한 땅이었다. 하지만 몇몇 유목민족과 상업민족은 이집트와 메소포타미아 두 곡창 지대 사이에서 나름의 방법으로 살아남아 생활을 이어갔다.

유대인과 같은 셈계인 아랍인들은 200명 정도의 부족으로 나뉘어 생활했던 유목민족이다. 각 부족이 서로 다른 우상을 부족신으로 섬기고 있었는데, 그런 아랍인들을 느슨하게나마 결속시켜준 존재가 메카 부근에 불을 뿜으며 낙하한 직경 30센티미터의 검은 돌이었다. 메카의 아랍인들은 그 검은 돌을 신성시하며 이를 모시는 신전인 '카바 신전'을 만들었다.

신전 부근에서 생활하는 부족들은 검은 돌을 숭상했고, 각자의 부족신을 신전에 모셨다. 카바 신전에서 제사가 있을 때면 아라비아반도의 여러 부족이 모여들어 엄청난 인파를 이루었다. 이처럼 아랍인들은 메카를 중심으로 결속했다. (오늘날 우리가 '교육의 메카', '산업의 메카' 등 사람들이 모여 성황을 이루는 장소를 메카라고 부르는 것도 여기서 유래한 것이다.) 그러던 중에 메카의 신전을 관리하는 쿠라이시족에서 유일신 사상을 주장하는 인물이 등장했다. 그가 바로 이슬람교의 창시자 무함마드(마호메트)다.

♜ 사우디아라비아 메카에 있는 카바 신전. 신전 주위로 순례객들이 엎드려 있다.

2대 제국의 충돌과 무함마드의 등장

• • •

그리스인의 비잔티움 제국과 이란인의 사산 왕조는 장기간 전쟁을 지속하고 있었다. 예나 지금이나 마찬가지지만, 지배자는 내부에 문제가 발생하면, 사람들의 시선을 외부로 돌리기 위해 분쟁이나 전쟁을 일으킨다. 그러면 위기가 한층 더 심화되고, 대개 이러한 분쟁이 원인이 되어 사회가 점점 더 쇠퇴해진다.

체제가 무너질 때는 그동안 축적된 문제가 한꺼번에 드러나면서 연쇄 반응을 일으키기 마련이다. 비잔티움 제국은 일정한 간격을 두고 발생하던 페스트의 유행에도 큰 타격을 받았다. 하지만 반대로 체제의 동요는 약소민족에게 성장의 기회를 제공한다.

두 제국의 충돌이 아랍인들에게는 득이 되었다. 아랍 상인들은 분쟁 지역을 안전하게 우회하는 방법을 찾아 지중해, 아라비아반도, 페르시아만을 잇는 상업로를 구축했다. 아라비아반도가 국제 무역의 중심지가 되는 천재일우의 기회가 찾아온 것이다. 그런 기회를 활용하여 부를 축적한 상인 중 하나가 무함마드였다.

무함마드는 어린 시절 부모를 잃고 고생하며 자랐지만, 부유한 미망인과 결혼하여 상인으로서 풍족한 삶을 누렸다. 그는 종종 당시의 상업 중심지인 시리아의 다마스쿠스에서 장사를

해 큰돈을 벌었다. 거기서 그는 유대교라는 일신교를 접했고 그로부터 큰 영향을 받았다.

40세가 되자 무함마드는 장사를 그만두게 된다. 당시에는 40세가 적은 나이가 아니었다. 낙타를 타고 사막을 누비다가는 뼈가 부러질 수도 있었기 때문에, 무함마드도 일에서 물러나 서서히 죽음에 대해 생각했을 것이다. 무함마드는 메카 교외에 있는 히라산 동굴에서 명상 생활을 하기 시작했다.

아랍인을 하나의 민족으로 연합시킨 무함마드

명상을 하던 무함마드는 빈부의 격차가 심해지는 그때의 상황이 '최후의 심판'이 다가오고 있다는 증거가 아닐까 하는 의문을 품고, 자신이 할 수 있는 일이 무엇인지를 고민했다. 그렇게 그는 제2의 인생을 시작하게 된다.

명상을 하던 어느 날 무함마드는 대천사 가브리엘의 계시를 받고, 자신이 최후의 심판 전에 신 알라가 보낸 '최후의 예언자'임을 확신하게 된다. 그는 이러한 교리를 설파하며 메카에서 절대 신 알라를 섬기는 이슬람교를 창시했다. 그야말로 진짜 인생은 퇴직 후부터 시작이라는 말을 몸소 보여준 인물이다.

무함마드는 이전까지 아라비아반도에는 없었던 일신교를 들여와 세상을 바로잡고자 했다. 한 개인의 깨달음이 세계사에

♜ 무함마드가 대천사 가브리엘의 계시를 받는 장면을 묘사한 그림.

큰 획을 긋는 사건으로 확장된 것이다. 당시 사회를 보면, 이미 내리막길로 접어든 비잔티움 제국과 사산 왕조가 오랫동안 전쟁을 하고 있었고, 끊어질 듯 계속되는 페스트의 유행과 극심한 빈부의 격차로 사람들의 고통이 날로 가중되고 있었다. 그래서 무함마드는 세상의 종말을 인지하고 신앙을 통해 사람들의 유대감을 회복해야 한다고 주장했다.

그러나 앞에서 말했듯이 메카는 아라비아반도의 다신교 신앙의 중심지였으며, 카바 신전으로 번성한 도시였다. 무함마드는 10년 동안 포교하여 겨우 200명 정도의 신자를 얻었을 뿐이었고 점점 박해를 받기 시작했다.

결국 무함마드는 메카에서의 포교 활동을 포기하고, 유대인이 많은 북쪽의 신흥 오아시스 야스리브(후에 예언자의 도시라는 뜻의 '메디나'라고 불린다)로 포교의 중심지를 옮겼다. 무함마드는 그곳에서 교단을 조직하고, 집의 마당을 모스크(예배를 드리는 공간)로 삼고 교단 확대를 위해 노력했다. 특히 유대인에게 포교하려고 노력했으나 실패했다. 새로 옮긴 곳에서도 10년 동안의 포교 활동으로 얻은 신자는 200명에 불과했다.

하지만 사회 규모가 극단적으로 작은 아라비아반도에서 약 400명이 소속된 교단은 꽤 큰 조직이었다. 각각이 200명 정도 되는 여러 유목 부족들끼리 전쟁이 끊이지 않는 상황에서 교단의 군사적 영향력이 커지면서 무함마드는 조정자, 유력자로서 존재감을 발휘하기 시작했다. 그는 이후 630년에 유목민들을 결속시켜 메카를 무혈 점령하기도 했다. 이슬람 교단이 아라비아반도에 끼치는 영향력은 커져갔다.

2년 후 무함마드가 갑작스러운 죽음을 맞이하고 유목민들이 등을 지면서 교단에 분열 위기가 찾아왔다. 이슬람교라는 이름 아래 아랍인들이 제대로 통합되기도 전에 위기가 닥친 것이었다. 이때까지만 해도 이슬람교는 아라비아반도의 지역 종교에 지나지 않았다.

아랍족의 대정복 운동과 이슬람 제국

분열 위기에 직면한 교단은 무함마드가 스스로를 '신의 뜻을 전하는 최후의 예언자'라고 주장한 사실을 토대로 세 가지 사항을 결정한다.

① 교단의 지도자 칼리프(사도 무함마드의 대리인)에 의한 지도

② 신의 뜻을 집대성한《코란》의 편찬

③ 반발하는 유목민의 이탈을 막기 위한 경제도시 다마스쿠스로의 원정

이 중에서 아랍인이 하나의 민족으로 성장하여 세계사를 바꾸는 계기가 된 사건이 경제도시 다마스쿠스를 대상으로 벌인 '지하드(성전)'라는 이름의 정복 전쟁이었다. 종교의 이름으로 자행한 세속적 전쟁이었다.

전쟁 상대는 거대한 비잔티움 제국이었다. 힘든 싸움을 예상했지만 비잔티움 제국은 생각보다 훨씬 더 병들어 있었고, 그들은 손쉽게 다마스쿠스를 함락했다. 아랍 유목민은 한 번도 본 적 없는 막대한 전리품을 나눠가지는 동시에 경제도시를 지배하게 되었다. 전리품의 5분의 1은 교단이 가졌지만, 나머지는 원정에 참가한 부족의 몫이었다.

이 원정의 성공으로 아랍 유목민들은 '정복 사업'에 흥미를 갖게 되었고, 부족 간의 결합이 더욱 활발하게 일어났다. 아랍 유목민은 교단과 연합하여 연이어 정복 전쟁을 일으켰다. 쇠퇴기에 접어든 비잔티움 제국과 사산 왕조는 대항할 힘도 없이 무너져갔고, 마침내 장기간 지속되어온 체제가 깨져버렸다. 이것이 세계사를 바꾼 아랍족의 대정복 운동의 진상이다.

주목할 점은 그 기간 동안 130만 명이나 되는 아랍인들이 아라비아반도에서 이집트, 시리아, 메소포타미아 등 풍요로운 지역으로 집단 이주하여 농민에게서 세금을 거두는 지주가 되었다는 사실이다. 비잔티움 제국은 중요한 수입원인 이집트와 시리아를 잃었고, 사산 왕조 역시 쇠망함으로써 서아시아에서 지중해에 이르는 넓은 영역에 이슬람 제국이 들어서게 된다.

정복 운동을 하는 과정에서 비옥한 토지를 점거하여 성장한 몇몇 유력한 아랍계 부족은 각자의 이권을 지키기 위해 시리아를 지배한 우마이야 가문을 중심으로 단결했다. 그 결과 우마이야 부족 내에서 칼리프의 자리를 세습하는 우마이야 왕조(661년~750년)를 세워 자신들의 기득권을 지키게 된다. 그에 더해 더 큰 이권을 얻기 위해 북아프리카에서 이베리아반도, 인더스강 유역까지 원정에 나섰다. 수가 적었던 아랍족은 이처럼 넓은 지역에서 동화와 혼혈화로 서서히 대민족으로 성장해갔다.

하지만 이러한 활동으로 빈부 격차가 심화되었고, 아랍족은 분열하게 된다. 칼리프의 특권을 인정하고 전례와 관행을 존중하면서 기득권을 지키고자 하는 수니파와 그에 대항하여 "알라 앞에서는 모든 부족이 평등하다"고 주장한 무함마드의 뜻을 중시하는 시아파로 나뉘었다. 격차가 커질수록 체제가 약화되는 것은 세계사의 공통 법칙이라 할 만하다.

무함마드 일족의 권위에 의존할 수밖에 없었던 시아파는

무함마드의 사촌 알리를 내세워 우마이야 가문의 독재에 대항했지만, 알리와 두 아들이 살해되면서 시아파는 박해를 받았다.

상업 제국 아바스 왕조의 탄생

• • •

그럼에도 이슬람교의 교리에 역행하는 우마이야 왕조에 대한 반감은 완전히 수습되지는 못했다. 가난한 아랍 부족과 도시로 흘러들어온 유랑민 및 이란인 등 피정복민들은 가난한 무함마드의 백부 일족인 아바스 가문을 추대하여 함께 아랍 유목민의 독재 정권을 무너뜨리고 아바스 왕조(750년~1258년)를 세웠다. 교단이 다민족화·민중화되면서 우마이야 왕조라는 군사 제국에서 이슬람교의 교의를 기반으로 한 이슬람 제국으로 나라가 바뀌었다. 이것을 아바스 혁명이라고 부른다.

이란족의 군사력에 의지하여 수립된 아바스 왕조는 지중해와 이어지는 시리아 지방에 세워진 기존의 수도를 이란고원에 가까운 이라크로 이동하여 이란인 호족에 대해 융화 정책을 펼쳤다. 그와 동시에 특권층인 도시 유목민에게 지급하던 연금을 없애고 그들이 군사력을 갖지 못하게 했다.

이라크에는 새로운 도시 바그다드(페르시아어로 신의 도시라는 뜻이다. 아랍어로는 평화의 도시라는 의미로 '마디나트 알 살람'이라고 불렸다)가 건설되었다. 그들은 바그다드에 페르시아만의 항구 바스라에서 인도양으로 이어지는 교역로를 개척했다. 몬순을 이용해 아프리카 동안에서 인도, 동남아시아, 남중국해의 광저우까지 이를 수 있는 거대한 해상 교역권을 획득한 것이다.

인도양의 상업권은 실크로드와 지중해 상업권과도 이어져 있었다. 따라서 바그다드는 유라시아의 육지와 해상을 연결하는 대규모 상업권의 중심 도시로 부상했다. 한때 인구가 150만 명에 달했던 바그다드는 산업혁명 이전까지 세계 최대 도시였을 만큼 큰 규모로 성장했다. 유라시아에 대교역 시대가 열리자 아랍 민족의 국제화가 빠르게 진행되었다.

이슬람 제국은 믈라카 해협을 넘어 남중국해와도 활발히 교역했다. 이로 인해 당의 광저우에는 12만 명에 달하는 아랍인과 페르시아인이 머무는 거류지와 모스크가 세워졌으며, 페르시아만까지 정기적으로 오가는 항로도 개척되었다. 인도양과 지중해 간 무역도 활발하게 이루어져 아시아 여러 지역에서 쌀, 사탕수수, 면화, 레몬, 바나나 등을 얻을 수 있었다.

대교역 시대를 연 아바스 왕조

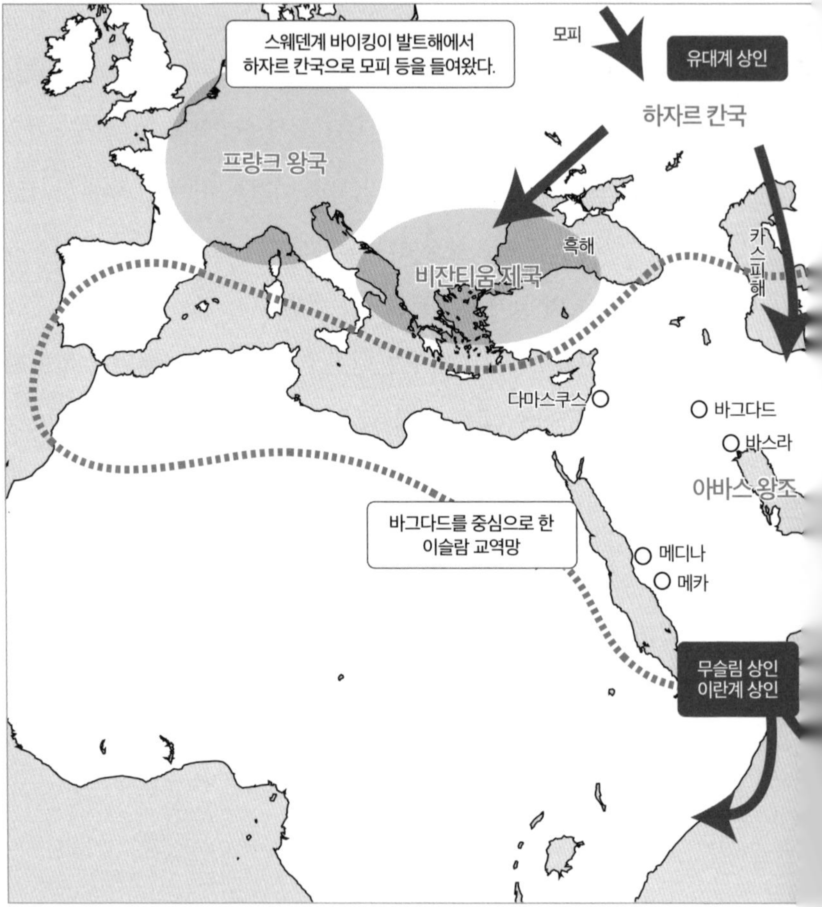

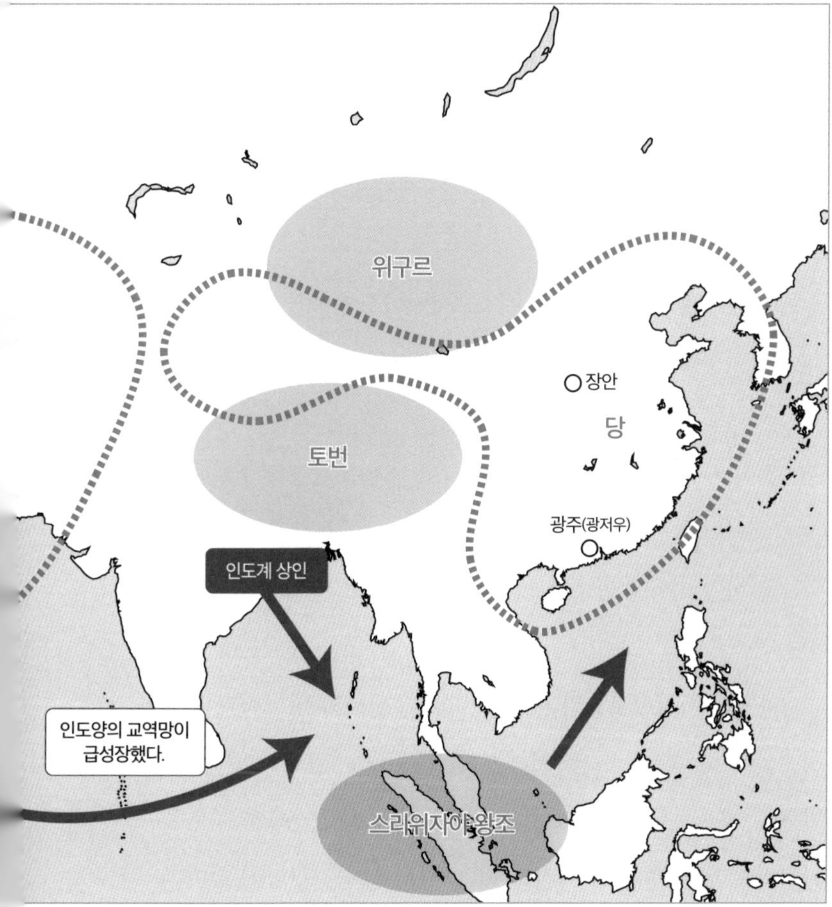
위구르
장안
당
토번
광주(광저우)
인도계 상인
인도양의 교역망이
급성장했다.
스리위자야 왕조

사막의 민족이 국제 문명을 발달시킬 수 있었던 비밀

• • •

아라비아반도의 사막 지대에서 살던 아랍족이 어떻게 아바스 왕조라는 제국을 건설하고 국제적인 문명을 이룩할 수 있었을까? 그 원동력으로 다음과 같은 특징들을 꼽을 수 있다.

① '모든 것은 알라가 만들었다'는 생각으로 여러 문명을 수용함
② 선진 문명이 번성했던 메소포타미아로 진출함
③ 이슬람교 자체의 특성: 알라 앞에서는 모든 민족이 평등하다고 주장하는 보편 종교
④ 바자르(시장)를 중심으로 도시의 연결망을 구축한 점에서 상업적 성격이 강함
⑤ 아랍어, 이슬람 율법, 통화 등이 널리 쓰임

바닷길과 실크로드가 만나는 아바스 왕조의 바그다드에는 지혜의 집(바이트 알히크마)이라는 연구·번역 기관이 있었다. 학자들은 이곳에서 그리스어, 페르시아어 등으로 기록된 문헌을 아랍어로 번역했다. 이 시기는 번역 작업이 아주 활발히 일어난 때였다. 일례로 고대 그리스의 아리스토텔레스 철학이 유럽에 전해진 것도 아랍어로 번역된 문헌이 십자군 시대 때 넘어가 라

틴어로 옮겨진 것이다.

동서 문명의 중간에 위치한 아랍족의 국제 문명은 당시에는 지역적인 한계를 띠고 있던 유럽 문명에 큰 영향을 주었다. 아랍어에서 유래한 영어 단어가 많다는 사실이 이를 뒷받침한다. 리스크(해도가 없는 항해를 의미), 매거진(원래는 창고를 의미했지만 여러 가지를 잡다하게 담는다는 뜻에서 잡지로 바뀜), 체크(수표) 등의 어원은 모두 아랍어다. 또한 인도 숫자를 개량한 아라비아 숫자, 십진법, 대수학에서부터 연금술과 증류기, 어음과 수표, 역풍에도 배가 전진할 수 있게 하는 삼각돛, 의학 기술까지 이들이 전해준 지식과 기술들은 유럽 문명에 비약적인 발전을 가져다주었다.

4장

복합적인 세계를 이룬 거대한 농경민족

제2의 무대(1) - 인도 민족, 한족

타민족과의 동화와 융합으로 유지되어온 농경사회

전쟁의 최전선이었던 몽골고원과 중국

• • •

세계사의 제2의 무대는 유라시아 한가운데 펼쳐진 광활한 영역이다. 중앙아시아의 대초원과 실크로드가 이어지는 남쪽의 사막이 교통 지대에 해당하며, 인도 남부 지역과 중국을 중심으로 펼쳐진 곡창 지대가 자원 지대로 분류된다.

제2의 무대에서는 다룰 내용이 많아 이 장에서는 먼저 자원 지대에 거주했던 2대 농경민족인 04 **인도 민족**과 05 **한족**(중국인)을 살펴보고, 다음 장에서는 교통 지대에서 활동한 3대 유목민족에 대해 알아보고자 한다.

앞에서 말한 대로 기원전 6세기에 우크라이나 지방의 스키타이인이 개발한 고삐와 같은 마구와 말 위에서 활쏘기를 가능하게 했던 단궁이 보급되면서 유라시아 대초원의 유목민족은 기마민족으로 성장했다. 튀르크족, 몽골족 등의 기마 유목민은 대초원과 중국, 인도, 서아시아 등의 농경 지역, 러시아의 삼림지대를 다양한 방식으로 연결시켰다.

전통적으로 유목민족은 농경민족에 곡물 생산을 의존할 수밖에 없었으므로, 이들이 머무는 두 지역 사이에는 대규모 상업이 이루어짐과 동시에 민족 간 충돌이 끊이지 않았다. 특히 광활한 초원의 유목 지역(교통 지대)과 농경 지역(자원 지대)의 접점에서는 민족의 흥망과 같은 세계사에 획을 긋는 굵직한 일들이 계속 일어났다. 그중에서도 특히 큰 충돌의 무대가 된 곳이 바로 몽골고원과 황허강 중류 지역이었다.

몽골고원과 황허강 중류 지역 사이에는 진로를 방해하는 자연 지형이 없어 몽골고원에서 쉽게 황허강 유역으로 진격할 수 있었다. 중국의 왕조는 장대한 만리장성을 쌓으면서까지 기마민족의 남하를 저지하고자 했지만 쉽지 않았다. 곡식을 얻느냐 못 얻느냐는 생존이 달린 문제였기 때문이다. 유목민들은 생존을 위해 남하에 필사적으로 매달렸다.

유라시아의 농경 지대는 거대한 산과 사막에 의해 세 영역으로 구분된다.

① 이슬람화된 비교적 좁은 서아시아

② 히말라야산맥으로 유라시아와 구분되는 인도

③ 티베트고원으로 인도와 나뉘고, 몽골고원과 접해 있는 중국

이 중에서 농경 지대가 좁은 서아시아에서는 일찍부터 유목화가 이루어졌다.

인도는 북쪽의 히말라야산맥, 서쪽의 타르 사막과 힌두쿠시산맥, 동쪽의 티베트고원으로 가로막혀 있어, 내부로 들어가는 진입로는 아프가니스탄에서 카이바르 고개를 넘어 파키스탄에 이르는 좁은 길밖에 없었다. 그래서 타민족의 침입이 비교적 어려워 독립성을 지킬 수 있었다.

중국의 경우 유목민족이 몽골고원에서 끊임없이 침입해온 결과, 유목민계 왕조가 연이어 세워져 농경민과 유목민의 혈통이 섞이게 되었다. 중국 사회가 군사화된 이유는 이렇듯 타민족의 침입이 잦았기 때문이다. 수와 당은 몽골계 민족이 세운 나라이며, 원과 청의 시대에는 각각 몽골족과 만주족이 이 지역을 지배했다. 그래서 황허강 유역은 유목민의 영향을 강하게 받을 수밖에 없었다.

유라시아의 자원 지대인 인도와 중국은 농경사회를 이어오기는 했지만, 인도는 여러 민족의 언어를 통일시키지 못했고, 중국 역시 유목민족을 비롯한 타민족과의 장기간에 걸친 혼혈

화에도 같은 언어를 구사하는 민족이 되지는 못했다. 인도와 중국은 사실상 유럽인들의 관점으로는 '민족'이라는 이름으로 한데 묶이기 어렵다.

그러나 유럽과는 다른 역사적·지리적 조건을 지닌 아시아의 농업 지대가 그들의 기준에는 맞지 않는 독특한 모습을 띠게 된 것은 당연한 일이다. 인도와 중국은 현재까지도 국가가 다양한 민족을 둘러싸고 있는 형태로 유지되고 있다.

다양성을 바탕으로 느슨하게 통합된 나라, 인도와 중국

오늘날 세계에서 가장 인구가 많은 두 나라는 중국과 인도다. 이들이 이렇게 큰 나라가 된 이유는 중국은 양쯔강 이남, 인도는 갠지스강 유역 등 농업 생산력이 뛰어난 아시아의 몬순 지역을 지배했기 때문이다.

건조 지대에서 습윤 지대로 세계가 확대되는 과정에서 인도에서는 드라비다인과 인도·아리아인 간 혼혈화가, 중국에서는 북쪽의 한족과 남쪽의 월족 간의 혼혈화가 이루어졌다. 인구가 많은 데다가 유목민족의 침입이 끊이지 않아 이 두 나라에서는 사회 혼란이 지속되었다.

오늘날 파키스탄, 방글라데시를 포함한 인도 지역의 인구는 약 15억 명, 중국 인구는 약 14억 명으로 추정된다. 세계 인구의 약 38퍼센트를 차지하는 숫자다. 각각을 민족이라고 본다면, 세계는 중국, 인도, 그 외의 다양한 민족으로 나뉜다고 할 만하다.

다시 말해 인도와 중국은 인구가 많고, 민족의 이동이 잦았기에 그들만의 특색이 뚜렷하게 드러나지는 않는다. 그래서 유럽의 관점으로 보면 그들을 온전히 이해하기 어렵다.

중국은 한자와 관료제, 인도는 카스트 제도를 통해 다양성을 바탕으로 느슨한 통합을 이루고 있다. 따라서 이 책에서는 다른 민족과는 규모가 상당히 다른 인도인과 중국인을 '복합적인 민족'으로 보고 10대 민족에 넣었다.

루피와 인민폐로 보는 복합적인 세계

두 국가의 지폐를 보면, 인도와 중국이 다양한 민족으로 구성된 다민족국가임을 한눈에 알 수 있다. 인도의 루피 지폐 앞면에는 공용어인 힌디어와 영어가 적혀 있지만, 뒷면에는 15개의 언어(14개의 인도 문자와 아랍 문자를 쓰는 우르두어)가 인쇄되어 있다.

한편 중국의 인민폐 지폐에는 한자, 티베트 문자(티베트어), 아랍 문자(위구르어), 몽골 문자(몽골어), 라틴 문자(베트남과 인접한 광시좡족자치구의 소수민족 좡족의 좡어) 등 다섯 종류의 문자가 쓰여 있다. 중국이 농경민족, 유목민족, 산악 유목민족이 섞여

♜ 위쪽이 인도의 2천 루피 지폐다. 중앙부 좌측 박스 안에 15개의 언어가 인쇄되어 있다. 아래는 중국의 50위안 지폐로 우측 상단에 다섯 개의 언어로 '중국인민은행'이라고 쓰여 있다.

살아가는 복합 국가임을 보여주는 사례다.

우리는 지폐의 특징을 통해 인도와 중국이 언어 통일을 이루지 못했으며, 유럽의 관점으로는 이들을 하나의 민족이라고 말하기 어렵다는 사실을 알 수 있다. 역사를 돌아보면 이런 현상은 당연한 일이다. 이 두 국가는 나라의 형태를 취하고 있을 뿐 '복합적인 민족'이라는 하나의 세계를 이루고 있다.

'인도'와 '지나'는 외부에서 붙인 이름

힌두교 신앙을 가진 인도 민족은 자신들을 민족 서사시 〈마하바라다〉의 영웅 바라트의 자손이라고 여겼다. 그래서 인도의 정식 국호 역시 그들의 혈통을 나타내는 '바라트'다. '인도'는 페르시아인(이란인)이 '인더스강 유역에 사는 사람들'이라는 뜻으로 붙인 이름이다. 그것이 중국으로 넘어가 한자로 음역되어, 《사기》에서는 '신독身毒', 당의 현장이 쓴 불경에서는 '인도印度'가 되었다. 현대 인도 사회는 여러 언어, 종교, 관습을 유지하면서 바르나 제도(카스트 제도)를 기반으로 움직이고 있다.

중국도 언어 통일을 이루지 못한 다언어 국가다. 지금까지도 베이징과 상하이, 푸젠 등 각 지방에서 쓰는 방언이 매우 달라 서로 말이 잘 통하지 않는다. 민중들만 놓고 보면 통합되지 못하고 각자의 방식대로 살아가고 있지만, 우수한 표의문자인 한자와 탄탄한 관료제가 있어 중국은 '관官'의 주도로 광대하고 복잡한 세계에 통일성을 부여할 수 있었다.

그러나 한자와 관료제에 의한 통합의 부작용으로 ① 통제형·수직형 사회, ② 관존민비 사상, ③ 문자 습득 능력에 따른 신분 격차 등이 발생했다.

청조 말기에는 한족, 만주족, 몽골족, 위구르족, 티베트족 다섯 민족이 서로 협력해 공화국을 세우자는 '오족공화(중화민국

중국인의 대다수가 한족이라고 알려져 있지만, 시간이 흐르고 다양한 민족이 섞이면서 한족은 한어를 쓰는 사람들을 가리키는 모호한 단어가 되었다.

성립 초기에 국가의 명분을 위해 내세운 슬로건)'가 대두되었는데, 현재 중국 정권 또한 '중화민족'을 '한족과 55개의 소수민족의 총화'로 규정하면서 협력을 주장하고 있다. 한족은 중국인의 80퍼센트 이상을 차지한다고 알려져 있지만, 앞에서 말한 바와 같이 언어적으로 분열되어 있고, 여러 요인으로 혼혈화가 이루어져 어디까지를 한족으로 볼 수 있는지가 불명확해졌다.

'한족'이라는 명칭은 원래 주변 지역에 거주하던 사람들이 '한 제국의 지배하에 있던 사람들'이라는 뜻으로 부른 이름이라고 한다. 하지만 벌써 1천 년도 넘게 지난 일인 데다 한의 멸망과 혼란으로 인구가 크게 감소했고, 침입한 유목민족과의 혼혈로 과거의 한족은 거의 사라졌다고 보는 시각도 있다. 그래서 오늘날 한족은 '한어漢語를 쓰는 사람'이라는 의미로 통용되는 모호한 단어가 되었다.

한편 중국에는 '지나'라는 아주 오래된 명칭이 있는데, 이 역시 외부 민족이 붙인 이름이다. 지나는 시황제가 건설한 진 제국의 광대함이 주변에 알려져 고대 인도 사람들이 '치나스타나'라고 부른 데서 유래했다. 수 제국 시대에 중앙아시아의 대승불경을 한어로 번역할 때, 인도인들이 부르던 명칭이 한자로 음역되어 '지나支那', '진단震旦'으로 쓰였다. 그것이 유럽에 전해지면서 '차이나China'가 탄생했다.

04

인도 민족

카스트 제도를 바탕으로 다양성을 유지해온 민족

주마다 다른 문자를 사용하는 다문자 세계

• • •

인도는 펀자브주의 펀자브어, 구자라트주의 구자라트어 등 29개의 '언어 주'로 나뉜 다언어 세계다.

중국이 몽골고원과 직접적으로 맞닿아 있어 유목민족과의 혼혈화가 활발하게 이루어졌던 데 반해, 인도는 북쪽에 우뚝 솟은 히말라야산맥 때문에 유목민의 침입이 어려워 여러 민족이 각 지역마다 자립성을 유지하면서 공존했다.

인도의 공용어는 중국어, 영어와 함께 대표적인 국제 언어로 손꼽히는 힌디어다. 하지만 힌디어를 모국어로 쓰는 사람은 인도 인구의 18퍼센트에 불과하며, 힌디어로 대화가 가능한 사람 역시 전체 인구의 30퍼센트뿐이라고 한다. 또 다른 공용어는 영국 식민지 시절에 쓰던 영어다. 그 외에도 22개의 언어가 공용어로 쓰이고 있으니, 언어적으로는 전혀 통일이 되어 있지 않다. 이런 상황이 벌어진 이유가 무엇일까?

아프가니스탄에서 카이바르 고개를 지나는 경로가 인도로 진출하는 유일한 길이었기에 유목민의 침입이 적었지만, 한편으로는 한 번 인도반도로 진입한 민족은 웬만해서는 밖으로 나가지 않았다. 그래서 다수의 민족이 각자 생활 터전을 꾸리며 공존하게 되었다.

하지만 11세기 이후, 아프가니스탄을 거쳐 튀르크계 이슬람 세력이 잇따라 들어와 13세기에는 북인도의 델리를 중심으로 튀르크족의 군사정권인 노예 왕조가 세워졌다. 16세기에는 몽골 제국의 재건을 꿈꾸던 튀르크계 티무르 제국의 잔당이 중앙아시아에서 아프가니스탄을 거쳐 북인도로 들어와 무굴 제국(1526년~1858년)을 건설했다. 무굴은 튀르크어로 '몽골'이라는 뜻으로, 인도에 '작은 몽골 제국'이 세워진 셈이다. 그때 정복자 튀르크족의 공용어는 페르시아어였다. 페르시아어와 인도의 힌디어가 섞여서 만들어진 언어가 인도에서 분리된 파키스탄의 공용어 우르두어다.

카스트 제도가 3천 년 동안 유지된 이유

다민족 사회인 인도를 하나로 통합해준 것이 바로 카스트 제도다. 카스트는 대항해시대 때 인도에 진출한 포르투갈인의 말로 '혈통'을 의미한다. 카스트 제도는 백인인 인도·아리아인이 인도로 침입하여, 인더스 문명을 발달시킨 흑인 선주민 드라비다인들을 정복했을 때 만들어진 것으로, 피부색에 따라 신분을 차별하는 제도다.

원래 이 제도는 아리아인이 피정복민인 드라비다인들을 노예로 삼아 종교의식에서 배제하고, 사람들의 신분을 신과 그들의 사회를 이어준다고 믿었던 최고층인 브라만(신관)을 비롯해 크샤트리아(무사, 귀족)와 바이샤(평민) 세 계층으로 나누기 위해 만들어졌다. 그들은 처음에는 카스트 제도를 색깔을 의미하는 '바르나'라는 이름으로 부르며 '정淨'과 '부정不淨'의 관념으로 사람을 구분하였으나 후에는 다양한 직업 집단의 귀천을 따져 세세하게 분류하고 적용하면서 지금의 복잡한 신분제도를 탄생시켰다.

카스트 제도가 오랫동안 이어진 이유는 이 제도가 다양한 부족이 서로 마찰을 줄이면서 각자의 영역에서 자신들의 방식대로 살아가게 하는 도구로 이용되었기 때문이다. 많은 왕조와 부족으로 나뉜 인도에서는 계층이나 직업 등의 기준으로 지역을 넘어선 사람들의 접촉을 제한했다. 신분에 따라 공식共食(제물로 바친 동식물을 함께 나누어 먹는 의식), 혼인, 직업의 승계 등에 관한 규칙이 상세하게 정해져 있어 불필요한 마찰을 피할 수 있었다. 많은 민족과 부족이 혼재하는 사회에서는 불필요한 갈등이 일어나지 않도록 미리 조치를 해둘 필요가 있었던 것이다.

18세기 중반부터 영국의 영향을 받기 시작했던 인도는 1857년부터 완전한 식민지가 되어 오랜 고난의 시기를 보냈다. 영국은 여러 민족이 공존하는 인도를 지배하려고 다신교인 힌두교와 일신교인 이슬람교의 대립을 부추겼다. 각자의 영역을 지키면서 공존하고 있던 상태를 깨뜨리기 위한 통치 방식이었다. 20세기에 인도의 독립운동을 주도한 마하트마 간디는 비폭력주의 사상을 내세워 여러 민족, 계층, 종교 간의 대립과 갈등을 극복하고자 노력했다.

외부의 관점으로는 차별을 묵인하는 카스트 제도를 비난하기 쉽지만, 역사적으로 살펴보면 이것이 인도 사회를 유지하기 위한 합리적인 선택이었다고 볼 수도 있다.

05

한족

다양한 언어를 쓰는 사람들을 독자적인 체계로 통합한 민족

한자를 다루는 관료가 지배하는 사회

• • •

나라 전체에서 한자를 공통으로 쓰는 모습을 보고 중국이 하나의 언어를 쓰는 사회라고 생각하기 쉽지만, 사실 중국은 다양한 언어를 사용하는 사회다. 푸젠 지방의 방언과 광둥어는 영어와 일본어만큼이나 거리가 멀다.

가령 중국이 세계에 퍼뜨린 식문화로, 차와 딤섬을 함께 즐기는 문화인 '얌차'를 생각해보자. 차를 부를 때 우리는 '차'라고 부르지만, 영어권에서는 '티'라고 부르는데, 이 두 단어의 차이는 영어와 한자의 차이가 아닌 중국의 서로 다른 두 언어에서 비롯되었다. 차를 광둥 사람들은 '차'라고 불렀지만, 푸젠 사람들은 '테'라고 불렀던 것이다.

광둥 사람들의 말은 육로를 통해 몽골, 티베트, 인도, 서아시아, 일본 등으로 전해진 반면, 푸젠의 말은 해상 무역상을 통해 동남아시아, 네덜란드, 영국, 유럽에 전해졌다. 지금도 중국 남쪽 지방에서는 베이징의 중국 중앙 텔레비전CCTV 아나운서의 말을 알아듣지 못해 현지 아나운서가 같은 내용을 다시 읽어준다. 중국 문자를 알파벳으로 바꾸기 힘들다고 말하는 이유가 여기에 있다.

표의문자인 한자는 익히기는 어렵지만, 일본, 한국, 베트남 등 여러 지역에 보급되어 국제 문자로서의 역할을 해왔다. 하지만 한자를 쓸 줄 안다고 해서 한족으로 인정받는 것은 아니었다. 관료제 또한 중요한 요소였다. 중국에서는 한자를 다루는 관료와 지식인이 특권층 신분을 얻었다.

한자는 현재 알려져 있는 글자 수만 5만 자가 넘을 만큼 그 문자량이 방대하다. 일반 사람들이 이를 모두 외우기란 불가능한 데다가 글을 쓸 때는 구두점도 없는 불친절한 '백문白文'으로 썼기 때문에 전문성을 갖추어야만 문자를 사용할 수 있었다. 이것이 관료라는 신분이 생기게 된 배경이다. 다수의 언어 집단으로 이루어진 세계인 중국은 한자를 다루는 관료에 의해 통제되었다. 견당유학생으로 장안에 건너갔던 일본인 아베노 나카마로는 고급 관료의 등용 시험인 과거에 합격해 베트남 지방의 장관이 되는 등 크게 출세했으며, 일본인임에도 한족으로 인정받아 '조형'이라는 이름을 얻기도 했다.

중국은 사실 유력한 종족宗族(공동재산을 가진 부족, 일족)끼리 경쟁하는 불안정한 사회였지만, 문자를 다루는 관료와 지식인이 왕조의 수족이 되어 한자를 통해 질서를 유지했다. 하지만 그와 동시에 유력한 부족의 비호를 받지 못하는 평민은 관료와 부족에 의해 이중으로 압박을 받았다.

동아시아 역사 문제의 시작은 천명사상

유력한 종족이 경쟁하는 사회였던 중국에서는 세계를 '종족이 공존하는 천하'라고 보았다. 원래 주나라(기원전 1040년경~기원전 256년)는 지배 부족에게 각 영지의 통치를 일임하는 봉건제도를 통해 국토를 다스렸다. 즉 힘이 강한 부족이 넓은 지역을 통치하는 왕조 체제였다. 하지만 지방이 개발되면서 그곳에서 힘을 키운 종족들이 스스로를 왕조라고 칭하며 일어나자 사회가 혼란스러워졌다. 춘추전국시대(기원전 770년~기원전 221년)라고 불리는 약 550년 동안에는 이러한 부족들의 싸움이 계속되었다. 그러던 와중에 천명을 받은 천자인 황제가 천하를 다스린다는 정치·윤리 사상인 천명사상이 대두되었다.

황당무계하게 들리겠지만, 그들은 북극성 쪽에 있는 궁궐 자미원에 자연과 인간 세계를 지배하는 신인 천제가 기거하고 있다고 생각했다. 천제가 덕이 높은 인간을 자신의 대리인으로 선택하여 천하를 맡겨 지배하게 한다는 사상이 바로 천명사상이다. 이런 생각을 토대로 하여 나온 것이 왕조의 교체를 합리화하는 역성혁명 사상이다. 역성혁명이란 제왕이 부덕해 민심을 잃으면 천명이 바뀌어 지배 일족의 성이 바뀐다는 의미다. 예를 들어 은의 주왕이 사치에 빠져 백성들을 소홀히 하자 천제가 천명을 바꿔 다른 일족에게 지배를 맡기게 되었고, 그래서 주가 건국되었다는 논리다.

중국의 혁명 사상

선정 (이상적)	천제 ↓ 통치 명령 **군주(천자)** 인망 ↑ 인민	• 덕이 높은 군주는 자신의 아들에 왕위를 물려주지 않고, 덕 있는 자를 등용하여 통치권을 물려준다. 예: 요堯 → 순舜 → 우禹(하나라) 후한의 헌제獻帝 → 위나라의 문제文帝
방벌 (현실적)	천제 ↓ 추방 **군주(천자)** 반발 ↑ 인민	• 천제는 백성들의 반발에 부딪힌 포학한 군주를 추방시키고, 덕 있는 자에게 통치권을 준다. 예: 하나라의 걸왕桀王 → 은나라의 탕왕湯王 은나라의 주왕紂王 → 주나라의 무왕武王

• 선정이란 마음을 갈고 닦아 내면에 흐트러짐이 없는 상태를 의미하며, 방벌이란 덕을 잃고 악정을 행하는 군주를 쫓아낸다는 뜻이다.

4세기 이후 몽골고원에서 활동하던 유목민의 힘이 강해지자 유목민도 한족에 융화되면 천명을 받을 수 있다는 사상이 등장했다. 송(960년~1279년)의 시대에는 몽골고원에서 활동하는 유목민의 세력이 압도적으로 커졌다. 송은 몽골인이 세운 요나라와 형제 관계를 맺는다는 맹약을 체결하고, 매년 막대한 은과 비단을 보내며 그야말로 돈으로 평화를 샀다. 이어 만주족이 세운 금(1115년~1234년)에 수도를 빼앗기고 도읍을 강남의 임안(지금의 항저우)으로 옮긴 뒤 남송이라는 이름으로 겨우 왕조를 유지했다. 그들은 금을 주군으로, 남송을 신하로 규정하는 조약을 맺어 막대한 조공을 바치며 힘겹게 명맥을 이어나갔다.

이것은 기존의 중화中華와 이적夷狄의 관계가 뒤바뀐 사건으로, 중화사상에 깊이 빠져 있던 한족에게는 이 사건이 천지가 뒤바뀌는 것과 같은 충격으로 다가왔다(중화는 중국이 세계의 중심이라는 의미이며, 이적은 중국 주변에 살던 이민족을 낮잡아 부르는 말 즉, 오랑캐를 뜻한다 – 옮긴이). 이러한 위기의식 속에서 등장한 것이 '존왕양이尊王攘夷'를 주장한 주자학이다. 존왕양이란 천명을 받은 송의 황제만이 진정한 황제이므로, 왕실을 높이고 오랑캐 세력을 물리쳐야 한다는 사상이다. 주자학(성리학)은 불교의 영향을 받아 발전된 유학의 한 계통으로, 유목민과 한족의 관계가 뒤바뀐 상황에서 민족적 자긍심을 지키려는 성격이 강했다. 주자학은 명과 조선의 중심 학문이 되었고, 일본의 에도 막부는

중화와 이적으로 보는 중국의 세계관

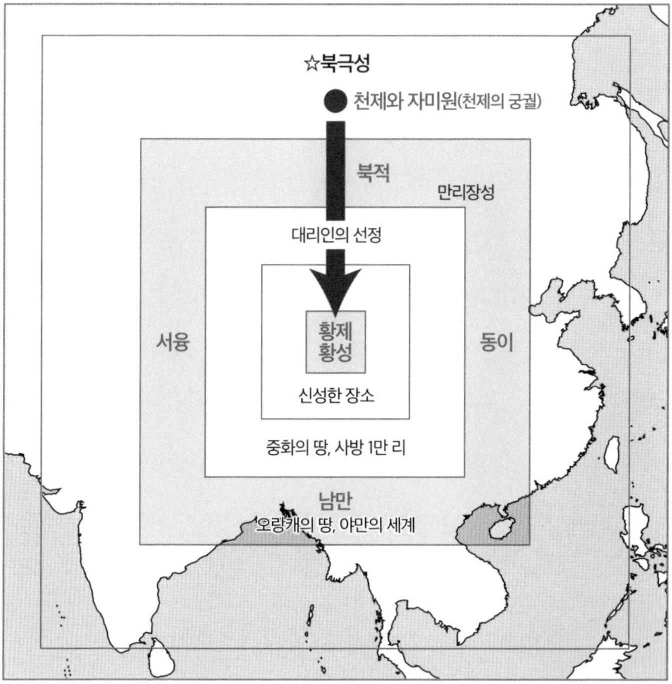

• 북적, 서융, 동이, 남만은 중국 주변에 살던 이민족을 낮잡아 부르는 말로, 그들은 중화의 땅 외부의 나라들을 오랑캐인 이적으로 보았다.

이를 관학官學으로 삼기도 했다.

천명, 천하, 천자를 인정하는 사고방식은 동아시아에서 여러 형태로 바뀌면서 이어져왔고, 지금은 동아시아의 정치 문제, 민족 문제를 연구할 때 반드시 알아야 할 키워드가 되었다.

각 시대의 지배자들은 권력의 정당성을 인정받기 위해서는 왜 자신이 천명을 받았는지 설명해야 했는데, 그 논거를 주로 역사에서 찾았다. 따라서 동아시아에서는 역사 문제가 매우 중요하게 다뤄졌으며, 때로는 과열된 양상을 보이기도 했다. 사실 정권의 기초는 하늘이 아니라 백성들의 뜻이어야 하는데, 그 명분을 하늘에서 찾는다는 점이 상당히 역설적으로 느껴진다.

중국의 역대 왕조는 권력의 정통성을 설명하기 위해 자신에게 유리하도록 전대의 역사를 정리하고 때로는 수정하면서 자신이 천명을 받았음을 증명해야 민심을 얻을 수 있었다. 흔히들 중국이 역사서의 나라라고 하지만, 한편으로 그 말은 역사가 정치 이데올로기로 쉽게 이용되어온 나라임을 뜻하기도 한다.

중화사상은 현대에도 공존할 수 있을까

과거 중국에서는 공간에 따라 중화와 이적을 나누는 이분법적 사고방식이 일반적이었다. 이는 천명사상과도 밀접한 관계가 있었다. 신과 이어지는 황제가 있는 황성을 신성한 장소로 여기며 그 주변을 중화라고 칭했고, 중화에서 멀어질수록 야만적이고 미개한 오랑캐, 즉 이적의 땅이라고 생각했다.

이와 같은 사상은 2~3년마다 반복된 황허강 하류의 대범람으로 '육지에 감금된' 중국 사회가 세상을 하나의 동일한 세계로 간주하고, 이질적인 사회는 오랑캐로 야만시하면서 더 강해졌다. 그러면서 이질적인 세계와 공존하는 것이 아니라 그 세계를 우수한 중화세계에 '동화'시켜야 한다는 사상이 등장했다. 하지만 이러한 사고방식은 다른 민족을 인정하지 않는다는 점에서 대항해시대 때 스페인이 신대륙의 인디오를 보던 시각, 19세기 유럽 국가들이 아프리카의 원주민을 보던 시각과 일맥상통한다.

제2차 세계대전 중에 중국의 지도자 장제스는 '지나'를 멸칭으로 보고, 국호를 '중국'으로 변경했다. 하지만 모순적이게도 같은 어원에서 유래한 '차이나'는 그대로 남겨뒀다. 중국의 '국國' 자를 살펴보면, '에워쌀 위口' 안에 '창 과戈'가 들어 있다. 이는 무기로 변경을 지킨다는 뜻으로, 그들이 주변 야만인들의 땅과는 명확하게 구별되는 영역을 원했다는 사실을 알 수 있다. 그러나 시간이 지나면서 이 이름은 문화적 공통성과 연속성을 지닌 광대한 영역을 가리키는 단어가 되었다.

현재 중국은 청조에서 이어받은 광활한 영토를 농경민(한족) 중심 체제로 이끌어가고 있다. 이러한 시도는 원의 뒤를 이은 명이 했던 시도와 유사하다. 하지만 명은 조공 체제(중국의 황제와 주변국들이 군신 관계를 맺고 공물을 헌상·하사하는 무역 체제)와 해금 정책(민간 상인의 해외 무역 금지 정책)을 펼쳐 대항해시대의 국제화 시류에 뒤처지게 되었고, 결국 쇠퇴의 길로 접어들었다.

대규모 농경사회를 통합하기 위해서는 어느 정도 민족주의가 필요하겠지만, 모든 국가의 평등을 외치는 오늘날의 글로벌 사회에서 세상을 중화와 이적으로 나눠 자신들이 '중화', 즉 세계의 중심이라고 생각하는 중화사상이 어떻게 사회와 조화를 이룰 수 있을지는 미지수다.

참고로 중화의 어원은 황허강 유역의 중심지 낙양 분지의 상징인 '화산華山'에 있다고 한다. 원래 중화의 '화'는 이 화산에서 유래한 것이었지만, 여러 민족이 동화되고 점점 영토가 넓어지면서 세계의 중심이 되는 문명의 땅이라는 뜻으로 확대 해석되었다.

5장

드넓은 초원에 제국을 건설한 세 유목민족

제2의 무대(2) - 몽골족, 튀르크족, 만주족

대제국을 건설한 민족이 몽골고원에서 나온 이유

중앙아시아의 초원 지대에는 많은 유목민이 거주하고 있었는데, 그중에서도 몽골고원은 황허강 유역의 농경지에 진출해 곡식을 수탈하기에 유리한 곳이었다. 그래서 오랜 세월 동안 중앙아시아 유목민족의 활동 중심지가 되었다.

기마 기술이 발달하여 유목민의 기동성이 좋아지고 중앙아시아의 상업도 번성하자, 동서로 8천 킬로미터나 이어지는 드넓은 초원의 지정학적 이점이 드러나게 되었다. 그야말로 '유라시아의 회랑'이라 할 수 있는 이곳은 말을 타면 중앙아시아의 대초원도 단시간에 횡단할 수 있으며, 남쪽으로는 이슬람 제국과 중국의 곡창 지대가, 북쪽으로는 러시아의 삼림 지대가 있고, 서쪽으로는 유럽과 이어져 있어, 유라시아에서 큰 제국을 건설하기에 최적인 장소였다.

물론 대초원은 너무 광활하여 이용하기가 쉽지는 않았다. 그러나 기마 전법이 일상화되고 무슬림 상인의 활동이 활발해지자 여기에 서아시아와 중국의 농경 지대를 잇는 제국이 형성되기 시작했다.

상업민족과 탄탄한 관계를 맺어온 06 **몽골족**, 07 **튀르크족**은 몽골고원이라는 제한된 공간에서만 활동하던 민족에서 세계사를 바꾼 거대한 민족으로 성장했다. 그들은 '말의 이용 → 기마 기술의 체계화 → 기마 군단의 출현 → 상업민족과의 협력'이라는 4단계를 거치면서 강대해졌다.

기마 유목민은 한랭한 기후에 쫓겨 남하하게 되었고, 농경 세계에 혼란이 있을 때마다 그 틈을 이용하여 아래로 진출했다. 결국 유목 부족들은 연합하여 강대한 군사 세력을 키우고 조직적인 정복 활동에 나섰다. 몽골족과 튀르크족은 유라시아에 대규모 제국을 건설하여 세계사에 큰 전환점을 마련했다.

중앙아시아 대초원의 동쪽 끝에 위치한, 몽골고원과 접해 있는 만주 평원에서는 몽골고원 유목민의 등장에 자극을 받아 퉁구스계의 수렵민인 08 **만주족**이 대두했다. 그들은 몽골고원, 중국, 한반도를 무대로 상업 활동을 펼치며 힘을 키웠고, 동아시아의 대제국인 청을 건설했다.

06

몽골족
유라시아를 통일하고 대규모 교역망을 구축한 민족

몽골로이드는 아시아인의 대명사

• • •

몽골인이라는 개념에는 좁은 의미와 넓은 의미 두 가지가 있다. 넓은 의미에서 몽골인은 몽골로이드Mongoloid를 말한다. 여기서 'oid'는 라틴어로 '~을 닮은 자'라는 의미다. 몽골로이드는 유라시아 동부 지역과 남북 아메리카에 이주한 인류 집단을 가리킨다. 즉, 지구의 3분의 2에 해당하는 육지에 몽골로이드가 거주하고 있는 셈이다.

이러한 주장을 펼친 사람이 앞에서 언급한 인류학의 아버지 블루멘바흐다. 그는 갠지스강과 카스피해 동쪽의 광대한 아시아 지방에 사는 사람들을 몽골로이드로 보았고, 남북 아메리카에 거주했던 사람들을 몽골로이드의 변종이라고 생각했다. 인류의 대다수를 차지하는 황인종을 '몽골인'이라고 부른 이유에 대해서는 몽골고원이 아시아의 중앙에 위치한 점과 몽골 민족이 유라시아를 통합하는 대제국을 건설했기 때문이라고 추측할 수 있다.

몽골고원은 건조한 기후 때문에 살기 힘든 척박한 땅이라는 점에서 아라비아반도와 쌍벽을 이룬다. 겨울이 되면 이곳은 기온이 영하 30도까지 내려가며, 시베리아의 세찬 바람이 대지를 깎아낼 정도로 휘몰아친다. 그런 혹독한 생활환경과 그에 따른 식량 부족 현상은 몽골족이 중국 지역으로 진출하게 된 원인이자 유라시아에 대제국을 세운 힘의 원천이었다.

몽골 제국 시대, 정보 수집을 위해 몽골고원을 방문한 유럽

♜ 뛰어난 기마 기술을 가진 몽골족은 척박한 몽골고원에서 벗어나 중국 지역으로 진출했다.

선교사는 "세계를 제패한 민족의 생활이라고 생각하기 힘들다"며 그들의 검소한 생활 모습에 관한 감상을 남긴 적도 있다. 생활 방식이야 어찌 됐든 그들의 기마 기술만큼은 단연 세계 최고 수준이었다.

만리장성도 무력화시킨 흉노

• • •

몽골고원에서 가장 먼저 나온 기마 유목민족은 흉노다. 기원전 3세기에 아버지를 살해하고 선우(흉노의 군주 칭호)의 자리를 차지한 묵돌은 진 제국에 빼앗긴 지역을 회복하고, 튀르크계 유목민족인 월지를 서쪽으로 쫓아내 대제국을 건설했다. 흉노가 강대해진 이유는 역설적이게도 시황제가 실시한 만리장성의 보수 작업에 있다. 황허강 중류에서 생산되는 곡물에 의존할 수밖에 없는 몽골족에 대항하여 진이 견고한 방어체제를 갖추자 그들은 침입을 단념하기는커녕 더 많은 부족과 연합하여 곡물 수탈에 나섰다.

유목사회는 수렵·채집사회의 연장선상에 있다. 그래서 '있는 자'에게서 곡물을 빼앗는 것은 나쁜 일이 아니라, 오히려 당연한 것이라고 여겼다. 농경민족의 입장에서는 이해하기 어렵겠지만, 유목민족에게 침략과 정복은 생존을 위한 당연한 행위이며, 때로는 비즈니스 수단이 되기도 했다.

몽골인의 여러 부족은 강력한 왕권 아래에 결집하여 왕의 직속 기마 군단을 조직했다. 그런데 큰 군단을 결집하면 가축이 한곳에 집중되므로, 먹이가 되는 풀이 부족해지고 농경민에게 더 많은 곡물을 빼앗을 수밖에 없게 된다. 농경민의 입장에서도 방어 태세를 더욱 견고하게 갖추니 당연히 두 민족 간의 싸움은 점점 치열해져서 총력전으로 발전하게 되는 것이다.

진이 멸망하고 항우와 유방이 서로 패권을 차지하기 위해 격렬한 전투를 반복하는 사이 흉노의 힘은 급속도로 커졌다. 한 제국이 세워지기 몇 년 전, 묵돌 선우는 백등산에서 7일 동안 유방의 군대를 포위하여 전멸 직전까지 몰아붙였다. 그때 유방은 사절을 보내 황제의 딸인 공주를 선우의 아내로 보내고, 매년 비단과 곡물 등을 바치겠다는 평화조약을 맺었다. 전투는 멈췄지만, 두 세력의 관계에서 흉노가 우위를 차지하게 되었다.

그런 상황을 타개하려고 흉노와의 대규모 전쟁을 조직한 인물이 한 제국에 전성기를 가져온 황제 무제(재위 기원전 141년~기원전 87년)였다. 무제는 장건을 사자로 보내 흉노 때문에 서쪽으로 쫓겨난 대월지에 공동전선을 펼칠 것을 제안했다. 무제는 충분한 경제력을 갖추고 제국의 총력을 결집하여 전쟁을 벌였지만, 말을 타고 이동하는 초원의 민족 흉노를 굴복시키는 것은 불가능했다. 한 제국의 입장에서는 대규모의 병사와 식량을 준비해야 했고, 점령지역이 확대될수록 유지비용이 점점 더 늘어나는 것을 무시할 수 없었다. 결국 재정난에 빠져 전선을 유지하기 어려운 상황에 이르렀다.

농민들이 전쟁으로 무거운 재정적 부담을 지게 되면서 한 제국은 몰락해갔다. 그러자 이를 이용하여 지방 호족들이 존재감을 드러내면서 권력 다툼을 시작했다. 그 시기가 바로 호족들이 위, 촉, 오로 나뉘어 싸웠던 내전의 시대, 삼국시대(220년~280년)다. 한 제국 시대부터 계속된 내전 때문에 삼국시대에는 인구가 한 제국 전성기의 10분의 1 이하까지 감소했다.

흉노 역시 한 제국의 공작으로 고비 사막 북쪽의 북흉노와 남쪽의 남흉노로 분열되었다. 남흉노와 한의 연합 세력에 의해

기원전 2세기 중국

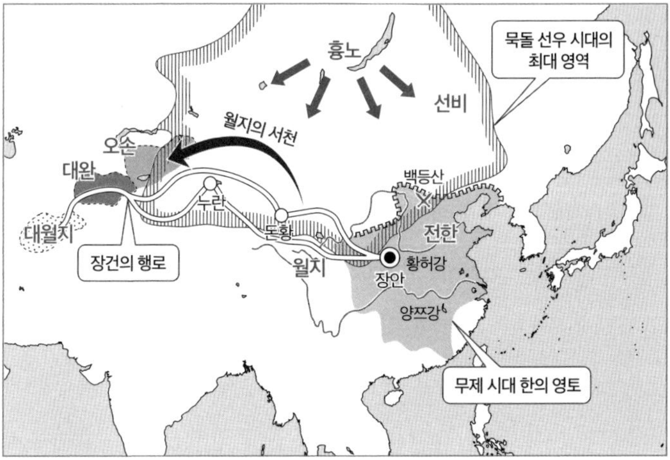

북흉노가 쫓겨나면서 고대 유목민과 농경민의 대규모 전쟁은 종지부를 찍는다. 흉노와 한 제국의 여러 차례에 걸친 전쟁은 스키타이인의 기마 기술을 전수받은 몽골족의 기마 군단이 얼마나 강력했는지를 보여주는 역사적인 데뷔 무대라고 할 수 있다.

18세기의 프랑스 학자 조제프 드 기네는 '몽골고원에서 쫓겨난 북흉노가 서쪽으로 이동하면서, 게르만족의 이동을 초래한 훈족이 되었다'라고 추정했지만, 논거가 부족하여 정설로 인정받지는 못했다.

당을 건국한 몽골계 선비족

흉노가 쇠퇴한 뒤 몽골고원에서 힘이 커진 민족은 만주와의 경계 지역에 거주하던 몽골계 유목민 선비족이었다. 시베리아 남부에서 강력한 튀르크계 민족 돌궐이 남하하자 선비족은 남쪽에 있는 중국 지역으로 밀려났다.

그러나 역시 미래는 한 치 앞도 내다볼 수 없이 불확실한 법이다. 선비족이 남하한 시기에 황허강 중류는 혼란스러운 상태였다. 주변의 유목민 오호(중국 본토에 이주한 흉노와 선비, 저, 갈, 강 다섯 이민족을 이르는 말 – 옮긴이)가 서진에서 일어난 내분(팔왕의 난)을 이용해 소국을 건설하고 서로 싸우고 있었다. 그때가 바로 다섯 이민족과 16개의 나라가 혼재되어 있던 오호십육국

시대(304년~439년)다. 그런 와중에 세력을 키운 선비족의 탁발 부족이 오호십육국을 통합하고 북위(386년~534년)를 건국한다.

북위의 제6대 황제 효문제는 적극적으로 한족에 동화해갔다. 한족의 유력 호족과 혼인 관계를 맺어 중국의 농업사회에 뿌리내리고자 했다. 그는 수도를 낙양으로 옮겼으며, 선비어를 버리고 한어를 공용어로 지정했다. 이 행동에는 언어가 서로 다른 유목민(오호)의 언어를 한어로 통일하고, 한족의 유력자와 연합하려는 두 가지 목적이 있었다. 유목민의 복장도 중국풍으로 바꾸어 한족의 자존심을 세워주었다.

북위는 군사력을 앞세워 각지의 부족에게서 토지를 빼앗아 국가가 다시 분배하는 균전제를 확립했다. 하지만 한족 동화 정책이 급속도로 진행되다 보니 일부 세력은 반감을 갖게 되었고, 이로 인해 선비족은 분열되었다. 유목민의 생활 양식을 계승하기를 원했던 파가 승리하긴 했지만, 한족을 받아들이는 정책은 이후에도 유지되었다.

대립 끝에 선비족 중 황후의 일족(외숙)이 황위를 빼앗아 수(581년~618년)를 세웠고, 양쯔강 남쪽의 여섯 왕조인 남조를 무너뜨리며 전 국토를 통일했다. 수는 양쯔강 이남의 곡물을 재배하려고 대운하를 건설하기도 했지만, 갑자기 넓어진 영토를 통치하기 위해서는 유능한 한족이 필요했다. 따라서 인재를 등용하는 방법으로 과거제를 실시했다.

수는 한반도의 고구려가 몽골고원의 유목민족과 연합할 것을 두려워해 세 차례에 걸쳐 고구려 원정에 나섰다. 그러나 원정에 실패했고, 결국 농민들의 반란으로 무너지게 된다. 그때 같은 탁발 부족의 반란군이었던 이연과 그의 아들 이세민이 세운 나라가 당(618년~907년)이다. 중국 역사상 대표적인 농경 제국인 당 제국은 몽골계 선비족이 세운 왕조였다.

당은 몽골고원에서 패권을 쥐고 있던 튀르크계 동돌궐을 쓰러뜨리고, 농경사회를 중심으로 나라를 운영하되 유목민들까지 함께 다스렸다. 그들은 황제를 '천가한'이라고 칭했으며, 중국 지역에서 몽골고원까지 이르는 넓은 지역을 지배했다.

수와 당을 한족의 왕조라고 보는 역사서들도 더러 있다. 이들을 몽골계 선비족의 왕조라고 하면, 진·한 이후 세워진 통일왕조 중에 수, 당, 원, 청이 유목민계 왕조로 분류되고, 한족의 왕조는 송과 명밖에 남지 않기 때문이다. 즉, 중국의 역대 왕조 대부분이 유목민계 왕조가 되는 것이다.

송에 평화의 대가를 요구한 몽골계 나라, 요

흉노와 선비족에 이어 존재감을 드러낸 민족은 몽골계 거란족(키타이족)이었다. 거란족은 원래 몽골고원과 만주의 경계에 있는 싱안링산맥의 동사면에 살았던 민족이다. 이들이 건설한 나

중국의 역대 왕조

기원전 221년 ~기원후 220년	**진** 기원전 221년 ~기원전 206년 · **한** 기원전 202년 ~기원후 220년	← 흉노와의 대규모 전쟁
220년 ~589년	**위** 220년 ~265년 · **진** 265년 ~316년 / **남북조** 439년~589년	← 오호(유목민)가 침입하여 북위 등이 황허강 지역을 지배
581년 ~907년	**수** 581년~618년 · **당** 618년~907년	
	오대십국 시대	
960년 ~1127년	**북송** 튀르크족이 건국	← 요(거란족)의 압박
1115년 ~1279년	**금** 1115년~1234년 / **남송** 1127년~1279년	
1271년 ~1368년	**원** 몽골 제국	
1368년 ~1644년	**명**	← 북원의 압박 ← 현재의 만리장성을 건설
1616년 ~1912년	**청**	

· 은 유목민계 왕조

라 요(916년~1125년)는 몽골족이 세 번째로 세운 제국이었다.

홍콩에는 캐세이퍼시픽항공이라는 회사가 있는데, 흥미롭게도 이 이름에 들어가는 '캐세이'는 거란족을 가리킨 옛 단어 '키타이'에서 왔다고 한다. 원나라 시대 때 중국 지역을 방문한 마르코 폴로가 중국 북쪽의 지방을 '카타이'로, 남쪽 지방을 '만지'로 소개한 데서 유래했다. 후에 카타이는 중국의 옛 영어명인 캐세이가 되었다. 참고로 '만지'는 야만인이라는 뜻으로, 원이 과거 남송 주민을 차별할 때 썼던 말이다. 말을 타고 초원을 누비는 유목민의 눈에는, 제한된 토지에 매달려 일생을 살아가는 농민이 야만인으로 보였을지도 모른다.

몽골고원에서 멀리 떨어진 강남에 수도를 둔 송은 군사적으로는 요에 대항하지 못했다. 그래서 앞에서 언급했듯이 송은 요와 형제 관계를 맺어 매년 비단 20만 필(한 필은 약 9.4미터), 은 10만 냥을 공물로 바치면서 약 120년 동안 평화를 유지했다. 실크로드의 상인과 관계가 탄탄했던 요는 그렇게 송에서 상업 자원을 얻을 수 있었다.

거란족은 고비 사막 북쪽 초원에 도시를 건설하고, 실크로드 상인들과 적극적으로 상업 활동을 펼쳤다. 요의 수도에 실크로드에서 활약했던 위구르 상인의 거류지가 만들어질 정도로 교역이 활발하게 이루어졌다. 이처럼 상업을 중시하는 몽골족의 새로운 움직임은 칭기즈 칸의 시대에 몽골 제국이 단기간에 대제국으로 성장할 수 있었던 토대를 마련했다.

요는 만주족의 금에 무너졌지만, 남은 세력은 교역로를 따라 서쪽으로 이동하여 중앙아시아에 서요(카라키타이)를 세웠다. 그 땅에서 거란족은 무슬림 상인과 활발한 상업 활동을 펼쳤고 그로 인해 몽골고원의 민족들과 이슬람 상인의 관계가 더욱 단단해졌다.

칭기즈 칸이 유라시아에 제국을 건설할 수 있었던 이유

몽골고원은 대초원의 유목민이 비교적 쉽게 농경 지대에서 식량을 수탈해올 수 있었던 지역이었다. 서아시아의 농경 지대까지 진출하기 위해서는 시르다리야강과 아무다리야강 사이에 있는 사막을 지나야 했으며, 인도 쪽에는 히말라야산맥이 있어 침입이 거의 불가능했다.

몽골고원에서 황허강 유역으로 가는 길은 원래 식량을 수탈하기 가장 쉬운 경로였다. 그런데 칭기즈 칸 시대에는 만주족의 금이 황허강 유역을 진압하고 있어 식량 획득이 쉽지 않았다. 그래서 몽골족은 실크로드에서 활로를 찾았다. 이것이 유라시아에 거대한 몽골 제국이 세워지는 데 큰 발판이 되었다.

12세기 초 몽골고원이 금의 지배하에 놓이자 만주족은 여러 정책을 펼쳐 몽골족을 서로 대립하게 한다. 이러한 혼란 속

♜ 몽골의 부족들을 통일하고 대제국을 세운 칭기즈 칸.

에서 몽골고원을 통일한 이가 테무친이다. 어린 나이에 아버지를 잃고 고난의 세월을 거쳤던 그는 40세가 넘었을 때 몽골을 통일하기에 이른다. 1206년에 테무친은 부족장 회의인 쿠릴타이에서 몽골고원의 장長이 되어 '지상의 유일한 지도자'로 추앙받고, '칭기즈 칸(위대한 왕)'이라는 칭호를 얻는다.

칭기즈 칸은 금의 군제를 흉내 내어 십진법으로 유목 부족을 재편했다. 부족장을 만호장, 천호장, 백호장 등에 임명하여 그만큼의 기병을 지휘하게 했다. 지휘관의 지위는 원래 서열과 신분을 나타내는 말이었지만, 점차 통솔하는 병사의 수를 나타내는 것으로 바뀌었다. 그 서열에 따라 지휘 계통이 명확해지고, 엄격한 군율이 만들어졌다.

칭기즈 칸은 요가 먼저 진출한 중앙아시아의 상업에 주목했다. 효율적으로 고수익을 얻을 수 있는 교역로를 지배하고, 상인을 보호해주는 대신 그들에게 세금을 징수했다. 또 상업에 특화된 서요를 멸망시키고 중앙아시아로 진출하여, 실크로드의 중심지 소그드 지방을 지배하고 있던 튀르크계 호라즘 왕조(1077년~1231년)에 사절단을 파견하여 세력권을 나누려고 했다.

하지만 사절로 파견된 무슬림 상인단이 살해당하면서 관계가 악화되었다. 칭기즈 칸이 직접 20만 명의 군사를 이끌고 실크로드의 주요 도시를 차례차례 점령한 끝에 결국 호라즘 왕조까지 무너뜨리게 된다. 또한 실크로드 동부를 지배하고 있던 티베트인 상업 국가 서하(1038년~1227년)까지 멸망시킨다. 몽골 제국은 이와 같이 중앙아시아의 상업로를 일괄적으로 지배하는데 성공한다. 그러나 단기간에 나라를 유라시아 규모의 상업 제국으로 성장시켰던 칭기즈 칸은 바로 그 시점에 세상을 떠나고 만다.

12세기 유라시아 동부

초원의 영웅이 매장된 곳은 어디일까?

1227년 칭기즈 칸은 낙마로 얻은 상처가 낫지 않아 서하를 공격하는 진중에 사망한다. 유목민이 말에서 떨어지는 일은 드물었지만, 당시 칭기즈 칸의 나이가 예순이 넘었다는 것을 생각해 보면 충분히 가능성이 있는 이야기다.

그의 죽음은 철저히 비밀에 부쳐졌다. 시신을 몽골고원으로 운반하던 위수병은 가는 길에 만난 사람들을 모두 죽였다고 한다. 거점지역인 케룰렌강에 돌아와서야 그의 죽음을 공표했고, 케룰렌강의 원류인 부르한산에 시신을 매장했다.

마르코 폴로의 《동방견문록》을 보면, 매장지의 위치를 숨기기 위해 1천 필의 말을 동원해 그 부근의 땅을 견고하게 다졌다고 한다. 옛 궁전에 그를 기리는 사당 게르가 설치되었고 칭기즈 칸에게 제를 올리는 행사가 열렸다. 몽골족은 땅에 깊은 구멍을 파서 시신을 매장하고 묘표는 만들지 않아 칭기즈 칸이 어디에 묻혔는지는 아직까지도 밝혀지지 않았다.

급속도로 성장한 몽골 제국의 실정을 파헤치려고 유럽에서 파견한 수도사들은 사흘간 단식을 해도 아무 일 없다는 듯 태연하게 생활하는 몽골인들의 모습에 놀랐다는 기록을 남기기도 했다. 꾸밈이 없고 강건한 생활이 몽골족의 힘의 원천이 아니었을까.

칭기즈 칸이 죽고 나서, 유라시아 동서를 잇는 교역로는 사막길인 실크로드에서 유목민들이 이전부터 주로 이용했던 스텝 지대의 초원길로 바뀌었다. 그들은 교역로를 관리하기 위해 역전제를 정비했고 수 킬로미터마다 역참과 경비소를 세워 치안을 유지했다. 또한 관문마다 세금을 걷던 기존 방식에서 상인에게 일괄적으로 약 3퍼센트 통행세를 받는 것으로 징수 방식을 바꿨다. 이로 인해 상업 활동과 동서 문명의 교류가 더욱 활발해졌다.

몽골 제국의 상업은 무슬림 상인의 주도하에 이뤄졌으며, 이 과정에서 은이 국제통화로 사용되었다. 즉, 몽골고원이 이슬람 경제권에 편입된 것이다.

정복 사업으로 성장한 대제국

몽골 제국이 융성하던 시기에 유라시아는 다음과 같이 사분오열된 상태였다.

① 중국: 만주족의 금과 한족의 남송이 대립

② 서아시아: 튀르크계 왕조의 분열. 아랍계 아바스 왕조의 유명무실화

③ 러시아: 내분으로 인한 키예프 공국의 분열

④ 지중해: 이슬람교와 기독교 간 십자군 전쟁 발발

강력한 기마 군단을 보유하고 유라시아의 교역로를 지배했던 몽골 제국은 초원과 교역로를 따라 군단을 움직이면서 광활한 영역을 지배할 수 있는 능력이 있었다. 몽골족은 그런 능력을 활용하여 정복지를 확대했으며, 정복지에서 세금을 거두는 정복 사업을 유라시아 곳곳을 누비며 활발하게 전개했다. 부족들이 연합하여 원정에 나섰고, 원정에 성공하면 기여한 만큼 전리품과 징세권을 배분했다.

몽골 제국의 정복 활동은 다음과 같이 정리할 수 있다.

① 1234년 중국 북부를 지배하던 금 정복
② 1240년 우크라이나의 키예프 공국 정복
③ 1241년 폴란드로 진공, 발슈타트 전투에서 폴란드-독일 연합군 격파
④ 1258년 바그다드 정복, 아바스 왕조 정복
⑤ 1273년 한반도의 고려 정복
⑥ 1274년, 1281년 일본 원정 시도
⑦ 1279년 중국 남부의 남송 정복

기마 군단을 활용한 여러 차례의 군사 정복으로 몽골군은

유라시아 전체에 걸쳐 대제국을 수립하고, 대부분을 부족 연합 형태로 지배했다. 그 총면적은 약 3천 300만 제곱킬로미터나 된다.

그런데 서쪽을 향해 돌진하던 몽골군을 저지한 나라가 있었다. 시리아와 이집트에 건설된 튀르크계 맘루크 왕조(1250년~1517년)였다. 튀르크군은 1260년에 시리아를 침공한 몽골군을 아인잘루트 전투에서 격파했다.

몽골 제국은 ① 몽골고원과 중국: 대원 울루스, ② 중앙아시

몽골 제국의 영토와 교역망

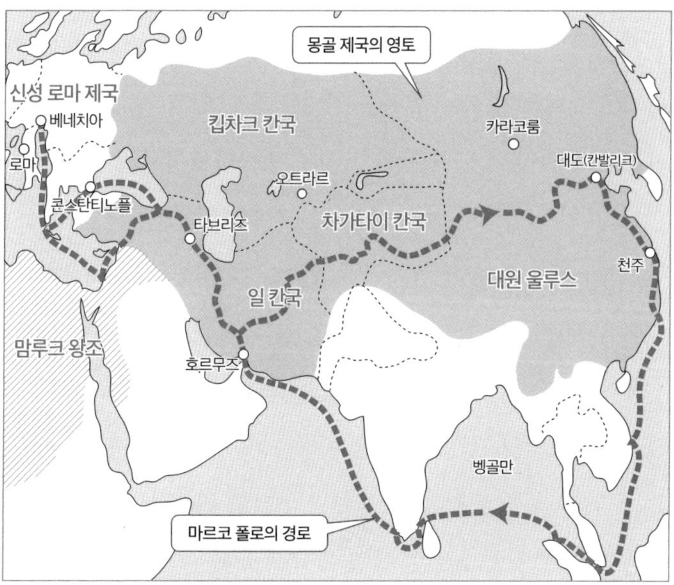

아의 상업로와 초원: 차가타이 칸국(차가타이 울루스), ③ 러시아: 킵차크 칸국(주치 울루스), ④ 서아시아의 이슬람 세계: 일 칸국(훌레구 울루스) 등으로 분열되었으며, 대도(지금의 베이징)에 있는 대칸이 이 나라들을 통솔했다. 참고로 울루스는 몽골어로 '사람들로 이루어진 집단'이라는 의미다.

'후레이, 후레이'는 몽골군의 함성 소리였다?

대제국을 건설한 몽골족의 흔적은 지금 우리가 흔하게 쓰는 말 중에도 남아 있다.

이슬람 세력과 십자군 전쟁을 치른 유럽 사람들은 이슬람 세계 뒤에서 급속도로 세력을 확장한 몽골 제국이 기독교 나라(성 요한의 나라)가 아닐까 하는 기대를 품고 있었다. 그런 기대를 깨뜨린 사건이 1241년 폴란드 서부 발슈타트에서 몽골군과 폴란드-독일 연합군이 싸운 발슈타트 전투였다.

전투에서 압승한 몽골군이 연합군의 시신으로 산을 쌓는 모습을 보고 유럽인들은 공포심을 갖게 되었다. 그리고 그리스 신화에서 명계보다 더 아래에 있는 나락의 세계를 통치하는 신 타르타로스처럼 무서운 사람들이라는 의미로, 몽골족을 가리키는 호칭인 '타타르'를 '타르타르인'이라고 바꿔 불렀다. 프랑스 요리의 타르타르 소스는 이 말에서 유래했는데, '지옥의 소스'

♜ 발슈타트 전투(1241년)를 묘사한 그림. 몽골군의 잔인함과 폴란드-독일 연합군의 처참한 모습이 나타나 있다.

라는 뜻은 아니고, 알려진 바와 같이 '초원 사람들의 소스'라는 의미다.

한 가지 더 재미있는 이야기가 있다. 운동회에서 외치는 응원 구호 중에 '후레이, 후레이'라는 말을 들어본 적이 있을 것이다. 그것이 사실 몽골군의 함성 소리에서 유래했다는 설이 있다. 몽골군의 '우라ura(만세라는 뜻)'가 러시아를 거쳐 독일어 '후라hurra'로 바뀌었고, 그것이 '만세'를 의미하는 영단어 '후레이hurray'가 되었다고 한다.

농경사회를 멸시하고 한족을 억압한 쿠빌라이 칸

• • •

몽골 제국의 최고 전성기는 제5대 대칸 쿠빌라이 칸(재위 1260년~1294년)의 시대였다. 그는 형 몽케 칸이 사망하자 지지파만 모아놓고 쿠릴타이를 열어 대칸의 자리에 앉았다. 그리고 국호를 대원大元으로 바꿨다.

쿠빌라이 칸은 과거 선비족이 당을 건설했을 때처럼 중국 지역을 대규모 수입원으로 생각했다. 하지만 그는 한족의 문화를 인정하지 않고, 그들의 농경문명을 멸시하며 무슬림 상인과 교류했다. 과거를 폐지하고 유학자를 쓸모없는 존재로 끌어내리며 철저히 정복자의 입장에서 통치했다.

상업을 중시한 쿠빌라이 칸은 유통 쪽에서 세금을 거둘 생각이었다. 그는 국고 수입의 80퍼센트를 차지하는 소금세 수입을 중시했으며, 은전을 폐지하고 정부가 발행하는 지폐로 통화를 통일하여 유통과 금융 분야를 완벽하게 통제했다. 원은 세계 최초로 지폐를 발행한 제국이다.

♜ 몽골 제국의 최전성기를 이끈 쿠빌라이 칸.

또 쿠빌라이 칸은 백성을 네 개의 신분으로 나눴는데 몽골인과 색목인(중앙아시아·이란 출신의 무슬림 상인)이 요직을 독점하도록 해 인구의 90퍼센트 이상을 차지하는 한족(금의 지배하에 있던 한족)과 남인(남송의 지배하에 있던 한족)을 억압했다.

그렇게 한족 농민들의 불만이 쌓여갔고, 결국 그들은 몽골족 지배층을 타도하고 세상을 바로잡겠다는 목적으로 궐기하여 홍건적의 난을 일으켰다. 이를 계기로 반몽골 세력이 등장해 몽골족은 다시 몽골고원으로 밀려나 그곳에서 북원을 세웠다.

일대일로의 원조, 쿠빌라이 칸 시대 교역로

쿠빌라이 칸의 시대에 몽골 제국은 초원길과 바닷길을 연결하여 아시아의 육지와 바다를 활용한 교역로를 개척했다. 육상에서는 기존의 실크로드 대신 역전제로 조직된 초원길이 발달했다. 초원길은 원의 수도이자 동아시아의 중심지인 대도(칸발리크)에서 이슬람 세계 일 칸국의 수도인 타브리즈까지 연결되어 있었다.

상품의 대량 운송에 이용되었던 바닷길은 중국 남동 해안에서부터 믈라카 해협을 거쳐 중동의 여러 나라로 통하는 해상 교역로였다. 호르무즈를 거점으로 하는 무슬림 상인의 상업권과 타이완 해협의 취안저우를 거점으로 하는 중국 상인의 상업권이 믈라카 해협에서 이어졌다. 이 길은 '팍스 몽골리카(몽골의 평화)'의 중심 경로가 되었다. 쿠빌라이 칸 시대에 십수 년간 관리로 일한 베네치아의 상인 마르코 폴로는 취안저우와 호르무즈를 잇는 바닷길을 통해 페르시아만으로 돌아갔다.

취안저우에서는 포수경이라는 무슬림 상인이 해상 무역으로 세력을 떨치게 되면서 그들의 발언권이 강해지기도 했다. 또한 몽골 제국은 당시 '황금의 나라'로 알려진 자바섬으로 원정을 가기도 했지만, 일본 원정과 마찬가지로 실패했다.

상업을 중시한 몽골족은 이슬람 제국의 바닷길을 이어받아 활발한 상업 활동을 펼쳤다.

07

튀르크족

몽골고원에서 지중해까지 광활한 영역을 지배한 민족

유라시아 전체로 진출한 튀르크족

• • •

몽골족은 중국의 대곡창 지대와 인접한 몽골고원에 머물며 큰 유목민족으로 성장했다. 그와 대조적으로 중앙아시아와의 상업을 중시한 튀르크족은 서쪽에 있는 지중해까지 진출하여 마침내 오스만 제국을 건국했다.

그 과정에서 튀르크족은 중앙아시아, 북인도, 서아시아, 러시아, 지중해 등 유라시아 전역으로 진출했다. 유라시아 역사의 슈퍼스타나 다름없는 민족이다. 현재 튀르크족은 중국 면적의 6분의 1을 차지하는 신장웨이우얼자치구(신장위구르자치구)와 서투르키스탄, 서아시아 등에 거주하고 있으며, 현재도 이슬람 세계에서 큰 세력을 이루고 있을 뿐만 아니라 오스만 제국이 지배했던 동지중해, 발칸반도, 북아프리카에까지 영향을 주고 있다.

몽골고원에 최초의 제국을 세운 돌궐

• • •

튀르크 민족의 원주지는 남시베리아의 예니세이강 상류다. 중국의 역사서에서는 이들을 튀르크를 한자로 음역한 명칭인 '정령丁零'으로 지칭하고 있다. 이 민족은 철광석이 풍부하게 생산되는 지역에 거주했는데, 이로 인해 제철 기술이 고도로 발전했던 것으로 알려져 있다. 중국 역사서에서 찾아볼 수 있는 또 다른 명칭인 '철륵鐵勒'도 여기서 유래했다.

튀르크족은 한랭한 기후 때문에 남하하여 과거 흉노 제국을 능가하는 규모의 대제국을 수립했다. 그것이 바로 돌궐 제국(552년~744년)이다. 돌궐 역시 튀르크를 한자로 음역한 국명이다. 돌궐에 통합된 여러 부족이 공통적으로 썼던 언어는 실크로드의 상인 소그드인의 소그드어였다.

튀르크족이 몽골고원을 지배하게 되자 몽골계 선비족이 남하하여 만리장성의 남쪽 다퉁 분지에 북위를 세웠다. 돌궐 입장에서도 좋은 일이었다. 북위가 조달해준 중국의 물품을 실크로드 상인에게 팔 수 있었기 때문이다. 즉 한족 → 화베이 지방의 북위 → 몽골고원의 돌궐 → 실크로드의 소그드 상인 순으로 상품이 유통되었고, 돌궐은 중개 상업으로 이익을 얻을 수 있었다.

하지만 돌궐이 고구려와 가까워지는 것을 두려워한 수 제국의 이간 공작으로 583년 돌궐은 동서로 분열되었다. 그중 힘 있는 동돌궐의 수장이 몽골 제국에서 왕호를 이어받아 자신을 카간(왕)이라 칭하며 세력을 이어가려 했으나, 여러 부족이 질서 없이 모여들어 이루어진 돌궐은 50년간 당 제국에 복속된다. 이후 일시적으로 제국을 부흥시키기도 했지만, 부족의 결속을 유지하지 못하고 결국 쇠퇴했다.

안사의 난으로 당의 지배권을 잡다

744년 몽골고원에서는 돌궐 대신 새로운 중앙아시아의 튀르크계 민족이 지배권을 확대해갔다. 동돌궐을 멸망시키고 위구르 제국(744년~840년)을 세운 위구르족이 그 주인공이다. 위구르라는 명칭은 카간이 튀르크어로 자신의 신분을 밝히며 "나는 주군이다"라고 말한 데서 유래했다고 한다. 현재 신장웨이우얼자치구에 거주하고 있는 위구르인은 위구르의 계보를 잇는 튀르크족이다.

위구르가 몽골고원에서 세력을 확장할 때, 당에서는 농민을 병사로 쓰는 부병제가 무너져, 국경의 방비를 더욱 튼튼히

하기 위해 튀르크계 유목민을 고용했다. 그런 과정에서 유목민 용병 군단을 지휘하는 절도사의 힘이 커졌고, 가장 유력한 절도사인 안녹산과 그의 부하 사사명이 안사의 난(755년~763년)을 일으켰다. 안녹산은 튀르크인과 소그드 상인의 혼혈이었다. 중국 시인 두보의 "나라는 망했어도 산하는 그대로요"라는 유명한 시구는 바로 이 안사의 난으로 황폐해진 당의 상황을 가리키는 구절이다.

몽골계 선비족이 지배했던 당은 자신들의 힘만으로는 이 반란을 진압하지 못했다. 그들은 튀르크족의 절도사를 회유하고 위구르의 지원을 받아 마침내 8년간 이어진 대혼란을 잠재울 수 있었다. 하지만 이것은 당의 지배권이 선비족에서 튀르크족으로 옮겨가는 계기가 되었다. 당의 정치는 이후 150년 동안이나 튀르크족의 절도사에 의해 움직였다. 960년에 송을 건국한 절도사 조광윤도 튀르크계 인물이었다. 위구르 역시 반란 진압에 힘을 써준 덕분에 정치에 개입하는 등 당에 더 큰 영향력을 끼치게 되었다.

위구르는 소그드 상인과 교류하며 동서 무역에 진출하여 당의 생산품을 팔았다. 이 과정에서 실크로드 상인과 점차 더 깊은 관계를 맺으면서 조로아스터교, 불교, 이슬람교를 융합한 중앙아시아의 국제 종교인 마니교를 들여오게 된다.

위구르와 키르기스의 이동

9세기 중반 위구르는 몽골고원에 천재지변이 계속 일어나자 서쪽으로 이동했는데, 그곳에서 튀르크계 키르기스인에게 무너지고 만다. 키르기스란 숫자 40을 의미하는 튀르크어에서 나온 말이다. 키르기스라는 이름을 붙인 이유는 쉽게 예상할 수 있듯이, 이들이 40개 부족의 연합체였기 때문이다.

키르기스는 상업 이익을 얻기 위해 서쪽으로 이동했다. 실크로드의 소그드 상인과 밀접하게 교류했던 그들은 실크로드를 따라 중앙아시아로 이동했고, 그들의 영향을 받고 있던 여러 튀르크계 부족도 함께 이동하여 이슬람계 서투르키스탄으로 들어갔다.

840년에 튀르크계 부족들이 연합하여 이곳에 세운 나라가 이슬람교를 국교로 삼은 카라한 왕조(840년경~1212년)다. 이 왕조가 튀르크족의 이슬람화와 북인도 진출의 기점이 되었다. 튀르크인들은 강력한 유목민족들이 많은 몽골고원에서는 안정된 기반을 쌓지는 못했지만, 상업에 힘을 기울여 몽골고원에서 중앙아시아로 이동한 뒤 활동의 중심지를 이슬람 세계로 옮겼다.

이슬람 세계와 북인도 진출

• • •

카라한 왕조는 실크로드의 지배권을 쥐고 있던 이란족의 사만 왕조를 쓰러뜨리고, 실크로드의 지배 세력이 되었다. 튀르크인은 파미르고원 동서로 펼쳐진 실크로드 주변의 오아시스 지대로 대거 이주하여 투르키스탄(튀르크인의 땅이라는 뜻)을 형성했다. 파미르고원을 경계로 서쪽의 소그드 지방 일대(지금의 우즈베키스탄공화국)가 서투르키스탄이며, 동쪽의 타림 분지(서역, 지금의 신장웨이우얼자치구)가 동투르키스탄이다.

이로써 중앙아시아에 동서 투르키스탄-카라한 왕조-이슬람 상업권으로 이어지는 튀르크족의 새로운 교역로가 만들어졌다. 당시 실크로드는 무슬림 상인이 지배했기 때문에, 튀르크인들은 장사를 순조롭게 하기 위해 점차 이슬람교로 개종했다. 개종의 목적이 장사였으므로 튀르크족 이슬람교도들은 규율을 엄격하게 지키지 않았다.

카라한 왕조의 군대는 아프가니스탄에서 카이바르 고개를 넘어 인도 서북부를 약탈하기를 반복했다. 13세기에는 인도로 침입한 튀르크족이 그곳에 그대로 머물면서 델리를 중심으로 군사정권인 노예 왕조를 세우고, 인도 지역의 농민에게 세금을 징수하기도 했다.

그 과정에서 북인도는 점차 튀르크화되었다. 이러한 배경을

서쪽으로 진출한 튀르크족

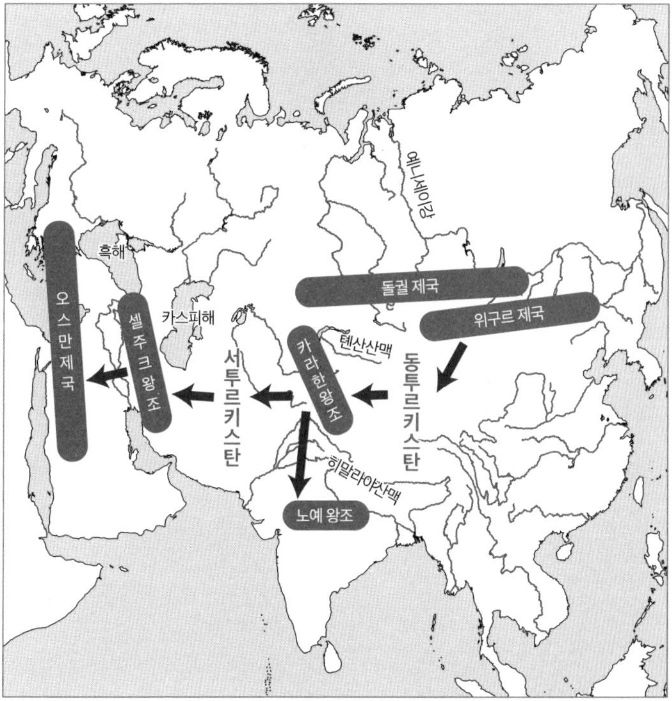

토대로 시간이 흐른 뒤 16세기에는 무굴 제국이 건설되었다. 무굴은 '몽골'이라는 뜻으로, 중앙아시아에서 몽골 제국의 재건을 꿈꾸던 티무르 제국의 잔당이 아프가니스탄에서 북인도로 넘어와 세운 나라였다.

아랍족의 나라를 튀르크족의 나라로 바꾸다

• • •

10세기 이슬람 제국인 아바스 왕조의 가난한 농민들은 빈부 격차에 불만을 품고 시아파를 중심으로 결집하여 각지에서 반란을 일으켰다. 이집트에서는 시아파가 파티마 왕조를 세우고, 서아시아에서도 시아파가 바그다드를 지배하며 칼리프를 허수아비처럼 조종했다.

나라의 체제가 위태로워지자 특권층들은 자신들의 재산과 지위를 지키려고 실크로드 상인에게서 튀르크 청년들을 용병 맘루크(군사 노예)로 고용하여 칼리프의 근위군 등으로 편입시켰다. 맘루크는 공적을 세우면 군사 노예 신분에서 해방되어 지위와 명예를 얻을 수 있었다. 튀르크족의 이슬람 사회 진출이 가능해진 것이다.

그런 정세의 변화에 교묘히 편승한 무리가 튀르크족의 일파인 셀주크 부족이었다. 셀주크 부족은 아랄해의 동쪽(지금의 카자흐스탄)으로 이주하여 수니파로 개종하며 이슬람 제국으로의 군사 진출을 목표로 연합했다.

셀주크족의 지도자 토그릴 베그는 부족을 이끌어 셀주크 왕조를 세우고, 1055년 자신이 '칼리프의 옹호자'임을 선전하며 바그다드에 무혈입성했다. 그곳에서 칼리프(최고 종교 지도자)로부터 '술탄(최고 정치 지도자)'이라는 칭호를 얻어 권력을 잡게 된다. 튀르크족은 술탄의 비호 아래 아랍족에게서 각지의 징세권을 합법적으로 빼앗았다. 즉, 아랍족의 나라(아바스 왕조)를 튀르크족의 나라(셀주크 왕조)로 바꾸는 데 성공한 것이다. 그 결과 튀르크족, 아랍족, 이란족의 혼혈이 이루어졌다.

튀르크족의 지중해 진출을 막기 위해 파견된 십자군

이슬람 세계를 지배한 셀주크 왕조가 그 여세를 몰아 동투르키스탄 산악 지대에서 카파도키아와 아나톨리아반도(소아시아)로 진출하자 그리스인의 비잔티움 제국은 바람 앞의 등불과도 같은 신세가 되었다. 아나톨리아반도는 점차 튀르크화되었고, 이는 오늘날의 튀르키예공화국(터키공화국)이 세워지는 토대가 되었다.

비잔티움 제국은 방어전에 나섰지만 튀르크족에게 대패하게 된다. 비잔티움 제국의 황제는 로마 교황 우르바노 2세에게 지원을 요청했고, 우르바노 2세는 1095년 클레르몽 공회의에서 예루살렘의 탈환을 위한 십자군 파견을 호소했다. 왜 비잔티움 제국의 구원이 아니라 예루살렘의 탈환을 외친 것일까? 당시 유럽인들은 천국으로 향하는 문이 있는 곳이라고 믿었던 예루살렘에 대해서는 알아도 비잔티움 제국에 대해서는 제대로 알지 못했기 때문이다. 서양사에서는 잘 다루지 않지만, 세계사적으로 보면 십자군은 서아시아를 제패하고 지중해로 진출한 튀르크족에 대한 기독교 사회의 대응책이었다.

튀르크족은 큰 시련 없이 이슬람 세계의 패권을 쥐게 되었지만, 가축을 재산으로 삼는 유목민족 출신인 이들에게는 장자 상속 제도가 없어 권력 계승 과정이 순조롭지 못했다. 결국 셀주크 왕조는 내분과 분열로 혼란스러운 상태에 빠진다. 뒤이어 건국된 아나톨리아의 룸 셀주크 왕조('룸'은 로마라는 뜻)만이 어느 정도 통합을 유지하고 있었다.

13세기 말이 되자, 튀르크계 오스만 부족이 등장해 오스만 제국의 모체가 되는 오스만 왕조(1299년~1922년)를 창건하게 된다.

러시아 제국을 지탱했던 코사크계 유목민

• • •

몽골 제국이 100년도 안 되어 분열되고 붕괴된 후 유라시아에는 오스만 제국부터 무굴 제국, 청 제국, 러시아 제국까지 네 개의 제국이 세워졌다.

그중 동지중해의 오스만 제국과 인도의 무굴 제국을 세운 민족이 튀르크족이었는데, 14세기에 세워진 북쪽의 대국 러시아를 지탱한 이들도 튀르크계의 코사크족이었다. 코사크족은 러시아의 시베리아 개척에 앞장섰던 이들로, 러시아가 중앙아시아의 초원 지대로 진출하는 데 큰 도움을 주었다. 코사크는 튀르크어로 '자유로운 사람'을 뜻하는 단어 '카자크'에서 유래했다고 한다.

몽골 제국이 러시아를 지배할 때 이용했던 민족도 킵차크 초원의 튀르크족 유목민들이었다. 몽골족이 지배층이긴 했지만, 실제로 당시 러시아를 지배했던 민족은 튀르크계 여러 부족들이었다. 몽골족보다 튀르크족의 인원수가 훨씬 더 많았다. 몽골 제국이 붕괴된 후, 튀르크족의 자손들은 러시아 제국의 발전을 도왔다.

북인도로 진출해 무굴 제국을 세우다

● ● ●

몽골 제국이 멸망한 뒤, 중앙아시아의 차가타이 칸국에서는 이슬람교도이자 튀르크족인 정복자 티무르가 등장했다. 티무르는 차가타이 칸국의 일족을 아미르(사령관)로 칭하고, '몽골 제국의 부흥'을 내걸며 여러 부족을 통합했다. 그는 많은 정복 전쟁에서 승리하며 영토를 확장해 티무르 제국(1370년~1507년)을 세웠다.

티무르는 1405년에 유라시아 동부에서 큰 세력을 이루고 있는 명의 영락제에게 도전해 20만 군대를 이끌고 원정에 나섰다. 그러나 고령이었던 그는 혼자서는 말에 타지도 못할 만큼 체력이 쇠약해져, 자신의 영토를 벗어나지도 못한 채 고열로 세상을 떠났다. 그 후 여러 부족의 반발로 티무르 제국은 금세 쇠퇴했고, 1507년에 남하한 튀르크계 우즈베크족에 의해 멸망했다.

하지만 제국의 잔당은 아프가니스탄으로 도망쳐 카이바르 고개를 넘어 북인도로 진출했다. 그들은 중앙아시아 기마 군단 특유의 강력한 군사력으로 자신들보다 훨씬 더 많은 숫자의 인도 군대를 격파하고 그곳에서 무굴 제국을 건설했다. 일신교인 이슬람교도 튀르크인이 힌두교도인 인도인들을 지배하는 형국이었다. 17세기 말, 무굴 제국은 남인도를 제외한 인도 전체로 영토를 확장했다.

전형적인 정복 왕조였던 무굴 제국은 휘하에 있는 병사의 규모를 기준으로 봉급을 주었다. 또한 페르시아어가 공용어로 쓰였는데, 이는 사산 왕조 이후 중앙아시아 튀르크인들 사이에 페르시아 문자가 퍼졌기 때문이었다.

비잔티움 제국의 멸망과 오스만 제국의 수립

아나톨리아의 오스만 왕조는 동쪽으로는 티무르 제국의 힘에 막혀 세력을 넓히지 못했지만, 쇠퇴기에 접어든 비잔티움 제국의 혼란을 틈타 동지중해로 진출했다. 그리고 1453년에 수 겹의 견고한 성벽으로 둘러싸인 요새 도시 콘스탄티노폴리스를 함락시키고 비잔티움 제국을 멸망시키게 된다. 콘스탄티노폴리스는 아시아와 유럽, 이집트와 튀르키예를 잇는 문명의 십자로이자 경제 중심지였다. 이러한 이유로 오스만 왕조는 이 도시의 이름을 '이스탄불'로 바꾸고 수도로 지정했다.

동지중해 튀르크인의 수가 적었던 것도 한 이유이지만, 오스만 왕조는 튀르크족의 민족성을 전면에 내세우기보다는 튀르크어를 구사하는 이슬람교도를 '오스만인'으로 인정하며 다민족을 포용·통합하는 보편 국가를 지향했다. 기독교도와 유대교도 등 다른 종교를 가진 사람들도 '밀레트'라는 종교 공동체를 조직하여 세금을 납부한다면 신앙을 인정받을 수 있었다.

군인과 관리를 등용할 때는 과거 아바스 왕조의 맘루크 제도를 본떠 발칸반도의 가난한 기독교도 청년들을 이용했다. 오스만 왕조는 백인 기독교도 청년들을 모아 세금을 면제해주고 그들에게 이슬람 교육을 실시했다. 그중에서 체력이 좋은 자는 병사로 뽑아 예니체리(새로운 군대라는 뜻)에 배속하고 나머지는 관료로 등용했다.

그들은 술탄에게 은혜를 입었다고 생각해 충성을 다했기 때문에, 기존의 비잔티움 사회를 분단시키는 데도 한몫을 했다. 당시는 이미 총과 대포가 주된 무기로 쓰였기에 병사가 반드시 유목민일 필요는 없었다.

그렇게 체제를 정리한 오스만 제국은 북아프리카, 서지중해로 영토를 확대하고 아시아, 아프리카, 유럽 세 대륙으로 진출하여 유럽을 압도하는 세력으로 성장했다.

♜ 오스만 제국의 군대 '예니체리'. 기독교도 청년들을 이슬람교로 개종시켜 병사로 뽑았다.

제국을 해체하고 튀르크족의 국가를 만들자

19세기가 되자 오스만 제국은 이집트의 반발, 그리스의 독립, 발칸반도의 슬라브족이 일으킨 민족운동 등 여러 어려움에 부딪혀 쇠약해졌다. 제국이 쇠약해진 틈을 타 쿠데타로 실권을 장악한 청년튀르크당의 지도자 엔베르 파샤는 '범튀르크주의'를 내걸고 다민족으로 이루어진 오스만 제국을 해체하고 튀르크족의 제국으로 재편하고자 했다.

지금까지 살펴본 바와 같이 튀르크족은 몽골고원에서 서쪽으로 이동하여 중앙아시아의 넓은 지역에 나뉘어 살았다. 하지만 러시아 제국이 남하정책을 펼치자 많은 튀르크인이 러시아 제국의 지배를 받게 되었고, 자신들의 민족을 지키기 위해서 러시아를 물리쳐야 하는 상황에 처했다. 그때 마침 러일전쟁이 발발했고 일본이 러시아에 승리하는 사건이 일어났다. 이에 자극을 받은 오스만 제국은 제1차 세계대전에서 독일 제국과 동맹을 맺어 러시아 제국과 싸우게 된다. 그러나 오스만 제국은 전쟁에서 패배하여 해체되고, 사이크스·피코 협정에 의해 아랍 지역

♜ 범튀르크주의를 주장했던 엔베르 파샤.

을 영국과 프랑스에 빼앗기고 만다.

제1차 세계대전 후, 튀르크의 민족주의자 케말 파샤(아타튀르크)는 술탄 제도를 폐지하고 튀르키예공화국을 수립했다(케말 파샤는 튀르키예공화국의 초대 대통령으로, '튀르크인의 아버지'라는 뜻의 '아타튀르크' 칭호를 받았다 – 옮긴이).

케말 파샤는 튀르키예공화국이 튀르크족의 나라라고 주장하며, 영토 내에 살던 쿠르드족을 비롯한 타민족을 강제적으로 튀르크족에 동화시키려고 했다. 영국과 프랑스가 중동 지방에 흩어져 사는 쿠르드족을 튀르키예에 살게 하려 했을 때에도 이를 단호히 거부했다. 쿠르드족은 이라크 북부와 튀르키예 남서부, 이란 북서부의 쿠르디스탄(쿠르드인의 땅이라는 의미)에 사는 유목민이다. 인구가 거의 3천만 명이나 되는 이들은 국가가 없는 최대의 민족으로 평가된다. 튀르크어 이외의 언어 사용을 금지하는 등 강압적인 튀르크화 정책에 대항하여 쿠르드족은 격렬한 민족운동을 벌여왔다. 이러한 갈등 상황은 현재까지도 계속되고 있다.

옛 오스만 제국의 광활한 영역에는 이후로도 30개 이상의 신흥국이 생겨났다. 그러나 이 근방은 아직까지 불안정한 상태다. 오스만 제국이 멸망한 지도 거의 100년이 지났지만, 서아시아에 이를 대신할 만한 질서가 확립되지 않았기 때문이다.

08

만주족

잇따른 기회를 활용해 동아시아에 거대한 청 제국을 세운 민족

지금은 중국화가 된 만주족

• • •

현재 인구가 1천만 명 정도로 추정되는 만주족은 중국사에서 빼놓을 수 없는 매우 중요한 민족이다. 만주족은 과거 몽골족과 함께 중국으로 진출하여 12세기에는 금을 세우고, 17세기에는 청(1616년~1912년)을 건국했다. 특히 청은 300년 가까이 나라를 유지했으며 동아시아에서 몽골족의 원을 뛰어넘는 큰 제국이 되었다. 그 광대한 영토는 지금의 중국으로 이어졌다.

만주족은 몽골족이나 튀르크족에 비해 지명도는 낮지만, 세계사를 움직인 대민족 중 하나다. 퉁구스계의 만주족은 과거에는 '여진'이라고 불렸다. 이는 민중을 뜻하는 만주어 '줄친'을 한자로 음차한 말로, 명대에는 '여직'이라 하기도 했다. 한족이 "당신들은 누구인가?"라고 물었더니, '줄친'이라고 대답해서 그렇게 부르게 되었다고 한다. 그에 비해 '만주'는 17세기에 만들어진 명칭으로, '문수보살(산스크리트어로 '만쥬수리'라고 부른다)'에서 유래했다는 설도 있지만, 정확한 것은 아직 밝혀지지 않았다.

비가 제법 내리는 곳이었던 만주 지역은 대부분이 모피수毛皮獸가 번식하기 좋은 삼림 지대였다. 그래서 많은 만주인은 짐승을 사냥하고 사금을 모아 팔았으며, 조방농업과 목축도 같이 했다. 그들은 예부터 '돼지를 키우는 사람들'이라고 알려져 있어서 유목민족이라고 말하기는 힘들다. 반추동물이 아닌 돼지를 초원에서 키우기는 어렵기 때문이다. 만주족은 한반도와 몽골고원, 중국을 이어주는 상업으로 성장했다.

화베이 지방을 점령하여 송을 굴복시킨 금

기마 유목민인 몽골족에 비해 수렵민인 만주족은 군사력이 약해 몽골족을 신하로서 따를 수밖에 없었다. 하지만 가끔씩 찾아오는 기회를 놓치지 않고 제국을 건설하는 데 성공했다. 그야말로 운도 실력이라는 말을 몸소 보여준 민족이었다. 그들은 자신들의 능력을 잘 알고 있었기에 어떤 기회든 놓치지 않았다.

몽골족을 다룰 때 설명했지만, 요를 건설한 거란족은 만주족과도 관련이 깊다. 그들이 건설한 요나라의 이름도 만주 지역에 흐르는 랴오허강에서 유래한 것이다. 거란족은 상업 활동에 열성적이었고, 북몽골에 도시를 건설하여 실크로드 상인들과 활발한 무역 활동을 펼쳤다.

요는 매년 송으로부터 많은 은과 비단을 공물로 받았고, 그들이 지배했던 여진족에게서도 사금과 모피를 거둬들여 이를 실크로드 상인에게 팔아 이익을 남겼다. 그러던 중 여진족은 1115년에 만주의 여러 부족을 통일하여 금을 건국했다. 금은 요에게 압박을 받고 있던 송과 연합하여, 상업에만 치중하다 군사력이 약해진 요를 무너뜨렸다. 요는 본거지를 중앙아시아로 옮겨 서요를 세웠다.

금의 입장에서는 지배하기도 어렵고 많은 수익을 기대하기도 힘든 몽골고원이 쓸모없는 곳이나 마찬가지였다. 그래서 요를 물리친 금의 군사들은 만리장성을 넘어 송으로 침입하여 수도 개봉을 점령했다. 3천 명의 왕족과 귀족을 북쪽으로 연행해 송을 멸망시키고(정강의 변, 1126년~1127년), 수도를 포함한 화베이 지방을 지배했다.

한편 송의 황제 일족은 강남의 임안(지금의 항저우)을 수도로 하여 남송(1127년~1279년)을 건설하며 어떻게든 중국인의 왕조를 유지하고자 했다. 금은 그 존재를 인정하는 대신 자신들을 주군, 남송을 신하로 규정하는 평화조약을 맺게 하여 '중화'와 '이적'의 관계를 완전히 뒤집어버렸다. 또한 매년 막대한 양의 공물도 받아냈다.

금은 몽골족이 군사력이 강하다는 사실을 잘 알고 있었기에 몽골족의 부족들을 서로 경쟁하게 하는 정책을 펼쳤다. 하지만 칭기즈 칸이 몽골고원의 여러 부족을 통일하면서 그동안 누려온 모든 영화가 물거품이 되었고, 만주족은 몽골족에게 종속될 수밖에 없었다.

분열한 몽골족을 이용하여 청을 건국하다

원 제국의 멸망 후 몽골고원으로 철수한 몽골족이 분열되자 그들이 만주에 가하는 압박도 약해졌다. 만주족은 시베리아에서 얻은 흑담비 모피를 명에 팔고, 몽골고원과 한반도와의 상업 활동으로 힘을 축적했다.

원을 쓰러뜨린 한족의 나라 명은 한마디로 국내 중심의 농업 제국이라고 할 수 있다. 명은 원 시대에 국제 상업이 유목민의 주도로 이루어졌던 것에 반발하여, 전통적인 조공 무역 체제를 부활시키고 민간 상인의 대외무역을 금지하는 일종의 쇄국 정책인 '해금 정책'을 펼쳤다.

하지만 당시 명의 주위에서는 이미 국제화가 진행되고 있었다. 대항해시대의 물결이 동아시아에까지 영향을 미친 것이다. 신대륙에서 나온 값싼 은이 필리핀 마닐라를 거쳐 명에 밀수되었다. 포르투갈인이 가져온 은과 일본 이와미 은광의 은까지 유통되어 동아시아의 상업은 유례없는 활황을 맞았다. 명은 연안부에 방대한 군대를 배치하여 밀수 무역을 단속했지만, 시대의 흐름에 역행할 수는 없었다.

설상가상으로 일본을 통합한 도요토미 히데요시가 조선을 침략하자(임진왜란, 1592년~1598년), 명은 이에 대항하여 조선에 군대를 파병했다. 게다가 몽골족이 다시 세력을 일으키려는 움직임을 보여 그들을 저지하기 위해 거대한 만리장성(지금 남아 있는 만리장성은 명 시대에 만들어졌다)을 건설했다. 이처럼 거액의 자금이 필요한 상황이 되자 농민에게 더 많은 세금을 추가로 거둬들일 수밖에 없었다.

♜ 만주족의 칭기즈 칸이라고 불렸던 누르하치는 후금을 창시하고 청 제국의 기틀을 세웠다.

그러던 중 '만주족의 칭기즈 칸'이라고 할 수 있는 누르하치가 등장해 퉁구스계의 여러 부족을 통일시키고 후금(1616년~1636년)을 건설했다. 건국 3년 후에 벌어진 사르후 전투에서 누르하치는 1만 명도 되지 않는 세력으로 8만

명이 넘는 명군을 격파했다. 후금은 만주계의 수렵민과 농경민, 유목민을 이어주는 거점 심양을 새로운 수도로 삼았다.

영토를 넓혀 거대한 제국을 건설할 준비가 되었을 때, 생각지도 못한 기회가 찾아왔다. 눈엣가시였던 몽골족이 분열한 것이다. 몽골계 차하르 부족의 족장 링단 칸이 만주족의 통일에 대항하기 위해 기존의 연합 체제를 일방적으로 독재 체제로 바꾸려고 하자 그에 반발하는 몽골족의 일부가 만주족과 동맹을 맺었다.

링단 칸이 세상을 떠난 후 고아가 된 그의 아들 에제이 칸은 만주족에 항복하여 과거 원에서 쓰던 옥새(황제임을 증명하는 인장)를 만주족에게 바쳤다. 누르하치의 아들 홍타이지는 이러한 이유로 자신이 칭기즈 칸의 후계자라고 주장하기도 했다.

1636년, 홍타이지는 만주족, 몽골족, 한족을 불러 대회의를 열어 황제로 즉위했고, 민족명을 여진에서 만주로 바꿨다. 나라 이름도 후금에서 청으로 바꿨다. 이처럼 만주족은 시대의 물결을 잘 이용했다.

만주족이 세력을 확대하기 위해서는 용맹한 몽골족을 포용할 필요가 있었다. 그래서 만주족은 자신들의 군대 조직인 '팔기八旗'에 몽골족을 적극적으로 편입시켰으며, 능력에 따라 인재를 발탁했다. 청의 역대 황제가 전부 만주어 외에 몽골어와 중국어 이름도 가지고 있다는 사실은 이 왕조의 성격을 잘 보여준다.

17세기의 4대 제국

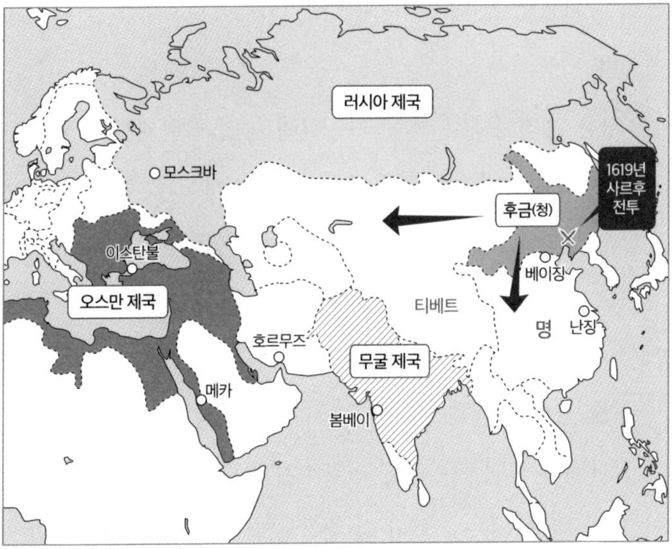

참고로 홍타이지의 황후 5명은 모두 몽골인이었다. 그만큼 몽골족을 어떻게 포용할지가 만주족에게는 큰 과제였던 셈이다.

명의 자멸이라는 최대의 기회

명의 멸망은 새로운 물결을 불러왔다. 당시 만주족의 최종 목표는 몽골족과 연합하여 대곡창 지대인 명을 쓰러뜨리는 것이었다. 그런데 명이 스스로 멸망하는 엄청난 기회가 찾아왔다. 개인의 삶도 그렇듯이 행운이 올 때는 연이어 오는 법이다. 운은 민족의 발흥에도 중요하지만, 반대로 민족의 쇠망에도 큰 영향을 미친다.

명은 재정난에서 벗어나기 위해 농민에게 과도한 세금을 거뒀고, 파탄에 빠진 농민들이 반란(이자성의 난)을 일으켰다. 반란군은 각지를 전전한 뒤 1644년 베이징으로 침입했다. 궁전을 점거당한 마지막 황제가 자살하면서 명은 멸망했다. 그런 상황에서 생각지도 못한 행운이 만주족에게 찾아왔다.

만리장성의 산하이관에서 만주군과 대치 중이었던 명의 장군 오삼계가 농민 반란군을 진압하기 위해 지원을 요청했던 것이다. 만주족에게는 그보다 더 좋은 기회가 없었을 것이다. 만주군은 오삼계의 군대와 함께 농민 반란군을 진압하고 베이징의 궁전을 되찾은 뒤, 그대로 베이징에 머무르고 이곳을 수도로 삼았다. 그때 만주족의 인구는 100만 명이 조금 넘는 정도로 중국 전체 인구의 10퍼센트도 되지 않았다. 이후에 그들이 제국을 건설한 것은 연이은 행운 덕분이었다고 할 수 있겠다.

변발령과 만한우수관제

중국에 진출한 만주족은 한족에게 자신들이 지배 민족이라는 사실을 보여줄 필요가 있었다. 그래서 변발령을 시행하여 한족이나 몽골족 등 모든 사람에게 변발을 강요했다. 변발이란 남자의 머리를 뒷부분만 남기고 나머지 부분을 깎아 남은 머리카락을 길게 땋아 늘어뜨린 것으로, 퉁구스계 수렵민의 전통적인 머리 모양이다.

변발령은 광대한 영역을 만주화하기 위한 수단 중 하나였으므로 예외를 두지 않고 강압적으로 행해졌다. 만주족은 변발령에 따르지 않는 자들의 목을 베면서 자신들이 지배자임을 각

♜ 변발을 한 청 시대 사람들의 모습. 변발은 만주족이 강요한 풍습이었지만, 19세기에는 중국에 완전히 정착되어 외국인에게도 중국 하면 떠오르는 익숙한 모습이 되었다.

인시켰다. 하지만 이러한 강압적 조치는 사실 만주족이 강해서가 아니라 오히려 자신들의 힘이 약함을 스스로 잘 알고 있는 데서 비롯한 행위였다.

그들은 광대한 영역을 지배하기 위해서는 몽골족과 한족을 교묘하게 이용해야 한다는 사실을 알고 있었다. 그렇기에 과거의 원이 했던 것과 같은 고압적인 지배는 피하고, 유교를 중시하는 한족 문화를 존중했다. 청의 제4대 황제 강희제가 '중국 역사상 최고의 학자 황제'라는 평가를 받는 데서 짐작할 수 있듯이, 청 초기의 황제들은 중국 문명을 열심히 공부했으며, 중앙 관청에서는 만주족과 한족을 절반씩 나눠 요직에 앉히는 '만한우수관제'를 실시했다. 그들은 치세가 단기간에 끝나버린 원의 실패를 반복하지 않기 위해 주의를 기울였다.

만한우수관제는 한족의 지식인층을 회유하는 효과도 있었지만, 한편으로는 한족 사회에 정통한 한족 관료에게 나라의 통치를 맡기는 것이 가장 낫다고 판단했기 때문에 만들어진 정책이었다. 물론 그럼에도 중요한 자리는 대부분 만주족의 몫이었다.

중국의 중심부로 이주해온 만주족들은 군사 조직인 팔기에 들어가 군인으로서 보수를 받을 뿐만 아니라, 베이징이나 자신의 임지에 토지를 받음으로써 특권층으로 출세할 수 있었다. 지금도 베이징에는 과거에 이주한 만주인들이 살던 옛 모습이 그대로 남아 있는 후퉁이라는 주택가가 있다. 당시 수도였던 베이징은 만주족의 지배 거점이 되었고, 이곳에서 18군데 주요 지역에 팔기군이 파견되었다.

몽골족과 유목민족을 회유하는 지배 방법

만주족이 나라를 지배하고 안정시키기 위해서는 몽골족과 같은 다른 부족이 청의 지배에 개입하지 않도록 하는 것이 중요했다. 청의 황제는 몽골인 귀족에게 만주인 귀족과 같은 지위와 연봉을 주고 혼인 정책을 펼쳐 몽골인과의 동맹 관계를 강화했다. 그 결과 몽골인과 만주인 귀족층의 혼혈이 빠르게 이루어졌다.

'학자 황제' 강희제는 한문에 정통했을 뿐만 아니라 몽골어도 구사했다고 한다. 건국 초기의 만주족 황제에게는 많은 어려움이 있었을 것이다. 청은 몽골족 유목사회도 만주족의 팔기 체제하에 편입시켰으며, 관리들에게 만주족 귀족과 동등한 작위를 부여했다. 그러나 몽골족 전체와의 관계에 대해서는 몽골 사회 내부에는 끼어들지 않고 부족의 자치권을 지켜주는 것을 원칙으로 삼았다.

그들은 몽골족뿐만 아니라 다른 부족의 자치권 또한 존중했다. 북몽골, 칭하이, 티베트, 신장(타림 분지 부근, 현재 중국 면적의 6분의 1을 차지) 등에 있는 모든 부족들은 자치를 인정받았다.

1638년에는 중앙관청 '이번원(이번부)'을 설치하여 유목민의 번부(만주족의 거점인 중국 본토를 뺀 유목 지역)를 다스렸는데, 이번원에서 파견되는 관리의 수가 매우 적은 데다 언어와 종교가 다른 부족의 동향을 감시해야 하니 점점 힘에 부쳤다. 따라서 그들은 각 부족의 장을 청의 귀족과 동등하게 대접해 동군연합(1명의 군주 아래 둘 이상의 여러 나라가 결합한 형태 - 옮긴이)의 형태를 유지했다. 만주족의 최대 목적은 중국에서 식량과 세금을 얻는 것이었으므로, 유목 부족들이 자신들의 권익을 위협하지 않도록 감시하는 것에 주안점을 뒀다. 부족장의 입장에서는 청의 권위와 군사력을 뒷배로 삼으면 부족들을 지배하기 수월해지니, 이러한 연합 관계에서 서로가 이익을 얻을 수 있었다.

자기 민족의 힘의 한계를 자각하고 있던 만주족은 기존의 질서를 교묘하게 조합하여 260년 동안 원을 능가하는 거대한 지배 영역을 유지했다.

청 제국이 영국에 대항하지 못한 이유

청 제국은 전에 없는 영화를 누리던 19세기 전반에 영국인의 손에 의해 급격히 무너지기 시작했다. 대체 무슨 일이 일어난 것일까?

제국의 형성기 때는 자신들의 힘이 약하므로 세심한 주의를 기울여야 국가를 유지할 수 있다는 사실을 자각하고 있었지만, 시간이 흐르면서 점차 자만에 빠져 긴장감을 잃게 되었다. 만주인 지배층은 한족 관료에게 통치를 맡기고 사치와 향락에 빠졌다. 지배층이 타락하면, 그 나라는 이미 몰락의 길에 들어선 것이나 마찬가지다.

당시 러시아인들이 북태평양과 베링해에서 최고급 모피수인 해달을 포획하여 세계 각지에 모피를 팔았는데, 그 대부분을 사들인 이가 청의 귀족층이었다. 게다가 은이 부족해 홍차 구입 대금을 마련할 수 없게 된 영국이 동인도회사를 통해 아편 무역을 시작했을 때 이들의 가장 큰 고객층 또한 남아도는 시간을 어떻게 써야 할지 몰랐던 만주인 귀족들이었다.

그 결과 1830년대에 방대한 양의 은이 해외로 유출되었다. 중국 내에서 은의 가치가 두 배까지 올랐다. 문제는 당시 청조가 세금을 은으로 내는 지정은제라는 조세제도를 시행하고 있었던 것이다. 농민들은 상인에게 곡물을 팔아 은을 사야 했고, 높아진 은의 가격 때문에 생활이 궁핍해졌다. 이로 인해 농민들의 반란과 감세를 주장하는 운동이 일어나 사회가 혼란스러워졌다.

위기감을 느낀 제8대 황제 도광제는 아편 수입을 금지하라는 명령을 내렸지만, 관리들은 아편 상인에게서 뇌물을 받고 아편 매매를 묵인했다. 아편 무역이 관리들에게 큰 수입원이었기 때문이다. 결국 황제는 임칙서에게 특명을 내리고 그를 광저우에 파견한다. 임칙서는 아편을 몰수하고 수입 금지를 명했으나, 그에 반발한 영국이 '자유무역 수호'라는 구실을 내걸어 아편전쟁(1840년~1842년)을 일으켰다. 전쟁에서 승리한 영국은 몰수한 아편의 대금을 지불하라고 요구하면서 아편 무역을 인정하도록 청조를 압박했다. 이로 인해 대량의 아편이 다시 중국 내에 유입되었고, 농민들의 삶은 더욱 피폐해졌다.

몽골고원 유목민과 중국 농경사회 간의 관계를 교묘하게 이용하여 대제국을 건설하고 유지해온 만주족은 자유무역을 내세운 영국의 침략 방식을 이해하지 못하여 파산에 이르게 된다.

변경인 광시성에서 일어난 농민 반란군은 양쯔강 유역으로 남하해 난징을 점령하고, 난징을 톈징으로 개칭한 후 태평천국이라는 새로운 나라를 세웠다. 중국은 북쪽의 청조와 남쪽의 태평천국으로 갈라졌다. 이렇게 중국 땅에서 번성했던 농경사회는 쇠망의 길을 걷기 시작했다.

중국 지역을 호시탐탐 노리던 영국이 분열 상태를 그냥 지켜보고 있을 리 없었다. 영국은 프랑스를 꾀어 제2차 아편전쟁(1856년~1860년)을 일으켰고, 청 제국을 유럽 중심의 자유무역 체제와 국민국가 질서로 끌어들여 청조가 제 기능을 못하도록 만들었다.

당시 청은 유교에 의한 한족 관료의 지배 체제로 조금씩 바

은과 아편 무역의 흐름

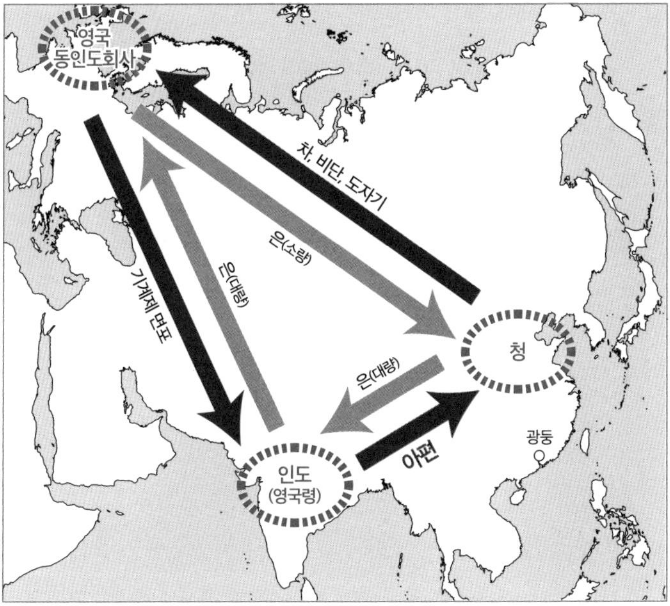

꿔고 있었지만, 중화사상을 가지고 있던 한족 역시 세계 정세에 대응하는 능력이 부족했다. 그 틈을 노리고 러시아가 청에 만주의 헤이룽강(아무르강) 유역과 연해주를 할양할 것을 강요했는데, 이런 요구에도 청은 그전까지 유목민을 상대해온 방식대로 광대한 지역을 러시아에 내어주며 회유했다.

그 상황에서는 어쩔 수 없는 일이었을지도 모르지만, 만주족의 부족한 현실 대응 능력이 위기를 심화시킨 것만은 분명한 사실이다. 안락하다 못해 태평스럽게 살아온 대가로 청 제국은 급변하는 세계에 현명하게 대응하지 못했다.

역사를 살펴보면 이런 일은 제법 흔하게 일어난다. 다른 민족이나 국가의 몰락을 타산지석으로 삼아 같은 실수를 하지 않도록 노력하는 것도 역사를 배우는 한 가지 목적이 될 수 있을 것이다. 또한 지배층의 넓은 시야와 현명한 판단력이 민족의 운명을 결정한다는 사실도 꼭 기억해야 한다.

6장

군사력과 상업으로 세계화를 이룬 두 민족

제3의 무대 - 게르만족, 유대 민족

해양 패권을 잡은 자가 대륙을 지배하는 시대

바다를 통해 더 넓은 역사 무대로 향하다

• • •

19세기부터 20세기는 09 **게르만족**의 시대다. 이렇게 말하면 분명 의문을 품는 사람들이 있을 것이다.

사실 큰 틀에서 보면, 게르만족에는 노르만족(바이킹)도 포함된다. 게다가 19세기에 세계 영토의 5분의 1, 인구의 4분의 1을 지배했던 앵글로색슨족 또한 노르만족에 속한다. 이 점을 알고 나면 19세기부터 20세기가 북유럽 게르만족이 패권을 차지한 시대였다는 사실을 이해할 수 있을 것이다.

하지만 19세기 후반 앵글로색슨족의 패권은 오래가지 못했다. 독일은 1870년대 제2차 산업혁명으로 중공업을 비약적으로 성장시킴으로써 세계에 이름을 알렸지만, 영국과 독일 사이에 세계대전이 두 차례나 일어나면서 20세기 중반부터 유럽은 쇠퇴의 길을 걸었다.

그 후 영국 이민자(앵글로색슨계의 백인 청교도인)와 독일 이민자(아메리카 이민자 중 3분의 1을 차지)에 의해 세력을 키운 미국이 패권을 쥐게 된다. 현재 국제 언어로 통용되고 있는 영어는 19~20세기에 패권 배턴터치를 실현한 게르만계의 언어다.

21세기가 되자 유라시아의 대제국 중 하나였던 청 제국을 계승한 중국이 게르만족의 패권에 도전하는 새로운 상황이 펼쳐졌다. 21세기를 희화적으로 표현하면, 유라시아 유목민의 영향을 받은 민족과 바이킹이 패권 다툼을 하는 시대인 셈이다. 현재 중국은 "바다를 지배하는 자가 세계를 지배한다"는 19세기 미국의 전략가 앨프리드 머핸의 사상을 받아들여, 세계를 제패하려는 각오를 다지며 해양력 강화에 노력을 기울이고 있다.

지도를 펼쳐놓고 태평양과 인도양, 대서양 등 바다 중심의 관점에서 세계를 다시 보면, 문명의 탄생 이후 메소포타미아와 이집트를 중심으로 발달한 세계(제1의 무대)와 유목민족이 흥망을 반복했던 유라시아(제2의 무대)가 매우 좁은 세계임을 깨닫고 놀랄 것이다. 유목민과 농경민이 공방을 반복해온 곳인 유라시아는 지구 표면의 겨우 10퍼센트 정도밖에 되지 않는다.

유럽 세력이 단기간에 세상을 바꿀 수 있었던 이유는 유목민과 농경민이 곡물과 영지를 둘러싸고 싸우는 동안 지구를 보는 새로운 관점을 토대로 세계 질서를 구축했기 때문이다.

바다를 활용하여 세계로 뻗어나간 민족

현재 우리는 '제2의 대항해시대'를 살아간다고 할 수 있을 만큼 인터넷을 통해 공간을 뛰어넘는 혁신적인 일들을 경험하고 있다. 하지만 기술로 유지되는 인터넷에는 위험한 면도 분명 존재한다. 앞으로 인류는 많은 난제에 직면할 것으로 예상되지만, 일단 지금 우리에게 필요한 것은 세계의 선두권 다툼을 조금 더 객관적인 시각으로 바라보는 태도다.

바다와 육지를 합친 면적이 거의 같도록 세계를 나눠보면, 다음과 같이 세 공간으로 분류할 수 있다.

① 유라시아, 아프리카, 인도양

② 대서양, 아메리카

③ 태평양

대항해시대 이전에 세계 역사는 ①에 집중되어 있었지만, 1490년대부터 콜럼버스, 바스쿠 다 가마 등 항해사에 의해 해양 세계가 개발되었다. 그 후 유럽인들이 ②의 아메리카로 진출하기 시작했고, 1520년대 마젤란 함대의 세계일주로 ③이 '발견'되었다. 이런 과정에서 ①, ②, ③의 위치가 명확하게 밝혀져 사람들은 세계가 어떻게 생겼는지 구체적으로 알게 되었다.

같은 시기에 유라시아에서는 오스만 제국, 무굴 제국, 러시아 제국, 청 제국 4대 제국이 여전히 군사 지배와 항쟁을 반복하고 있었다. 그러나 시대는 점차 바뀌어갔다. 항해를 떠난 선원들이 아프리카 최남단에 위치한 희망봉과 남아메리카 최남단에 있는 혼곶을 발견하면서, 대서양과 인도양, 태평양이 하나로 이어지는 해양 세계가 완성되었다. 전 지구를 잇는 대규모 네트워크를 어떻게 활용할 수 있는지가 민족의 흥망을 결정하는 열쇠가 되었다.

이때 새롭게 등장한 사람들이 한랭한 기후로 식량이 부족한 북유럽에서 벗어나 해결책을 찾아 나선 가난한 바이킹, 즉 노르만족이었다. 전 세계를 아우르는 네트워크를 활용하여 세력을 확장한 10 **유대 민족** 또한 제3의 무대에서 살펴볼 예정이다.

09

게르만족

한랭한 바다에서 대서양으로 진출하여 패권을 잡은 민족

상업과 약탈로 생존한 바이킹

게르만족은 크게 독일계 제족과 노르만족으로 나눌 수 있다. 이 책에서는 10대 민족이라는 큰 카테고리로 구분하다 보니 조금 포괄적일 수 있으나 독일계 제족인 게르만족과 노르만족을 같이 묶어 살펴보고자 한다.

북유럽의 스칸디나비아반도, 발트해 주변에 거주하는 북방계 게르만족은 바이킹이라고도 불렸다. 빙하의 침식으로 만들어진 좁은 만인 피오르('비크'라고 부르기도 함) 안쪽에 살았던 그들은 비크의 사람들이라는 뜻으로 바이킹이라고 불렸는데, 북방에 거주하는 사람들(노스맨)이라는 뜻으로 노르만족이라고 불리기도 했다.

바이킹이라고 하면 해적의 이미지가 강하지만, 그들은 원래 농민이었다. 그러나 지나치게 추운 지방에서 거주했기 때문에 생활이 불안정해서, 바다와 여러 하천을 이용한 '상업'과 군사력을 앞세운 '비즈니스(약탈)'를 생존 방식으로 택할 수밖에 없었다.

그들 중에서 가장 먼저 세계사에 등장한 사람들은 발트해 안쪽에 살던 스웨덴계 바이킹이었다. 고대부터 발트해에서는 보석 '호박'이 특산품으로 유명했다. 호박은 얕은 발트해 해저에 퇴적된 나무의 진이 딱딱하게 굳어 만들어지는 보석으로, 파도가 사나워지면 해안으로 대거 밀려왔다. 바이킹은 해안에서 얻은 호박을 여러 강을 거쳐 지중해와 서아시아에까지 대량으로 운반했다.

예전에 우연히 아테네의 아고라 박물관에서 호박 전람회를 본 적이 있는데, 엄청난 수의 호박이 전시되어 있어 꽤 놀랐던 기억이 있다. 그리스에서는 정전기를 잘 발생시키는 호박을 태양의 빛이라는 의미로 엘렉트론이라고 불렀으며, 오랫동안 귀중하게 여겼다. 전기를 뜻하는 영단어 '일렉트리시티electricity'의 어원이 바로 이 호박이다.

9세기가 되자 '호박의 길'은 '모피의 길'로 바뀌었다. 당시에 가장 부유했던 이슬람 세계에서 최고의 사치품으로 거래되던 물품은 러시아 삼림 지대에서 얻은 흑담비나 다람쥐, 여우 등 야생동물의 모피였다. 비단은 서아시아나 비잔티움 제국에서도 생산되었기 때문에 특별히 진귀한 물품으로 여겨지지는 않았다. 이로 인해 러시아 삼림 지대-러시아의 여러 하천-카스피해 북쪽 해안-바그다드까지 유라시아의 남북을 연결하는 '모피 로드'가 번성했다.

그런데 사막 환경에는 잘 단련된 무슬림 상인들이 모피수가 있는 삼림 지대에서는 약한 모습을 보였다. 그 기회를 틈타 발트해의 스웨덴계 바이킹이 등장했다. 러시아는 겨울에 엄청난 양의 눈이 내리고 빙하가 침식한 평탄한 고원이 있어, 큰 강과 그 지류가 발트해와 카스피해, 흑해로 이어지는 '강의 나라'다. 수심이 얕은 물에서도 운항이 가능한 수상선을 타고 발트해에서 러시아로 들어가 슬라브인에게서 모피나 꿀을 사 카스피해로 옮기는 것은 바이킹에게 그다지 어려운 일이 아니었다. 슬라브인들은 배를 타고 모피를 사러 오는 스웨덴계 바이킹을 노를 젓는 사람들이라는 의미로 '루스'라고 불렀다. 거기에서 나중에 '러시아'라는 국명이 유래했다고 한다.

스웨덴계 바이킹은 카스피해의 북쪽 해안에서 일부 모피를 필요한 상품과 바꿨지만, 나머지는 소그드 지방의 은화(당시는 실크로드의 상인도 모피 거래에 참여함)로 바꿔 와서 칭량화폐(중량을 재서 가치를 매기는 화폐 – 옮긴이)로 사용했다. 그래서 발트해 주변 바이킹의 무덤에서 엄청난 양의 은화가 출토되기도 했다.

9세기에 스웨덴계 바이킹은 러시아 북쪽에 모피의 도시 노브고로드를 건설하고, 12세기에는 우크라이나 지방에 키예프 공국을 세웠다. 키예프 공국은 지금의 러시아의 기원이 되었다. 참고로 러시아 제국은 17세기 초에 세워진 로마노프 왕조

바이킹의 활동

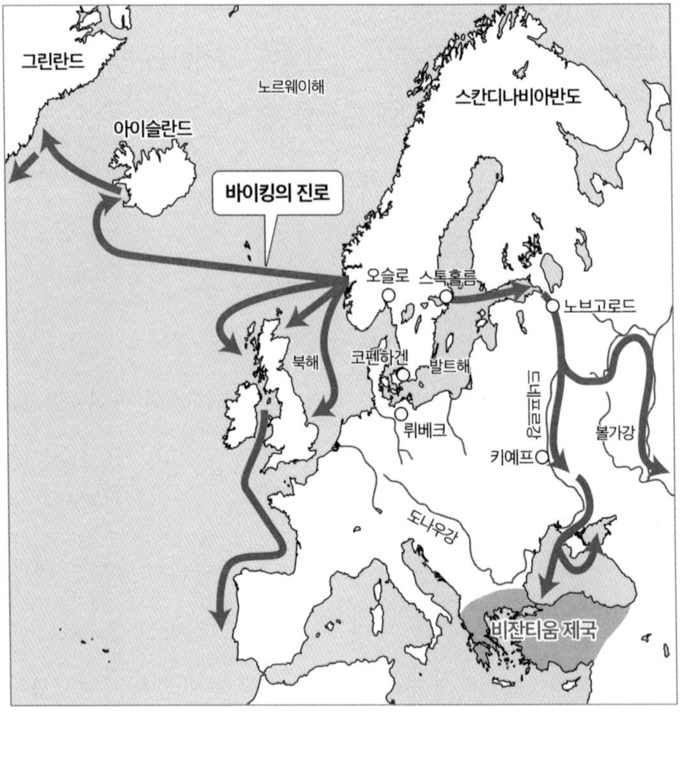

(1613년~1917년)에 의해 발전했다. 그들은 광대한 시베리아를 정복하여 유라시아의 제국으로 성장했다.

청어 염장으로 해운국이 된 네덜란드

대항해시대가 일단락되고 신대륙에서 유입되는 은의 양이 감소한 17세기 이후, 북해 주변의 노르만족이 활약하는 시대가 열린다. 네덜란드인과 앵글로색슨인들은 그들의 조상인 바이킹의 항해 기술을 살려서 광역의 해양 상업을 발달시켜 한랭한 기후로 인한 빈곤 문제를 극복해나갔다.

해양 세계를 발전시킨 포르투갈, 네덜란드, 영국 등은 모두 소국이었다. 유라시아의 농경민족이나 유목민족과는 규모가 달랐다. 대신 이 해양 민족들은 해양 상업 전략으로 플랜테이션(현지인의 노동력으로 농작물을 대량 생산하는 경영 형태)과 유럽을 연합시키는 경제 시스템을 고안하여, 대서양과 그 끝에 위치한 신대륙을 잘 활용했다. 유라시아의 유목민족이 우위를 차지했던 군사 중심 사회에서 상업민족이 우위에 서는 경제 중심 사회로 시대가 변해갔다. 상업민족은 선박을 이용해 상품을 대량 수송함으로써 세력이 점차 강해졌다.

이런 새로운 시대를 선도했던 이들이 바로 발트해에서 독일 상인이 조직했던 한자동맹을 계승한 네덜란드인이었다. 라

인강 하류의 저습지에 위치한 네덜란드는 국토 면적의 4분의 1이 해면보다 낮은 작은 나라다. 한자동맹이란 독일 북부 도시를 중심으로 발트해 연안 도시들이 연합한 무역 공동체로, 한자동맹의 중심 도시였던 독일의 뤼베크는 산란기에 발트해로 몰려드는 대량의 청어를 염장한 뒤 통에 넣어 유럽 각지에 판매하면서 경제성장을 이뤘다. 기독교에서는 부활제(이스터)가 다가오기 40일 전부터 사순절이라고 하여 육류를 먹지 않았다. 그 기간 동안 육류를 대신하여 단백질을 공급하는 염장된 청어가 유럽 각지에서 팔렸다. 그러나 언젠가부터 청어가 산란기에도 발트해로 오지 않게 되면서 뤼베크는 쇠퇴하기 시작했고, 그 방식을 네덜란드인들이 이어받았다.

네덜란드인은 북해에서 유망어업(바다를 떠다니며 물고기가 그물에 걸리게 하여 잡는 어업 방식 – 옮긴이)으로 청어를 잡아 선상에서 바로 염장을 했고, 이를 유럽 각지에 팔아 큰 이익을 거뒀다. 지금은 유럽 굴지의 도시가 된 네덜란드의 수도 암스테르담 역시 청어 사업을 기반으로 성장했다.

네덜란드, 영국에 패권을 빼앗기다

식량을 자급할 수 없었던 네덜란드는 발트해 남쪽 해안의 농경지대(폴란드와 주변 지역)에서 보리나 밀을 수입했다. 그런데 얼마

지나지 않아 그들은 수입한 식량을 곡식이 부족한 지중해로 운송해주어 여기서도 이익을 얻었다.

네덜란드인들은 포르투갈을 따라 아시아 무역에도 진출했다. 그들은 방대한 수의 상선과 거친 바다에서 단련된 항해 기술 덕분에 브라질이나 카리브해에서 생산되는 사탕수수를 유통하게 되었고, 이로써 본격적으로 해양 상업을 발전시켜 나갔다. 또한 토르데시야스 조약과 사라고사 조약을 통해 세계의 바다를 독점하려는 스페인과 포르투갈에 맞서 '공해公海'의 개념을 주장함으로써 그들의 시도를 저지했다. 이렇듯 네덜란드는 해양 세계의 기반을 착실히 닦고 있었다.

1648년에는 네덜란드를 지배하려는 스페인에 대항하여 80년 동안 이어진 네덜란드 독립전쟁에서 마침내 승리를 거두며 스페인을 대신하는 해양 세력으로 성장했다. 하지만 몇 년 후 영국의 크롬웰이 주도한 영국-네덜란드 전쟁에서 패배하며 영국에 패권을 빼앗기게 된다.

앵글족과 색슨족의 켈트 지배

• • •

영국을 이끌어온 잉글랜드의 앵글로색슨족은 19세기가 되자 바닷길로 세계를 누비며 자신들의 패권을 다졌다. 하지만 앵글로색슨족이 영국을 통합하기까지는 1천 년이나 걸렸다.

원래는 브리튼섬 전체가 켈트족의 거주지였지만, 로마 제국의 진출로 남부의 켈트 사회가 붕괴되었다. 이후 5세기에 로마 제국 세력이 후퇴하자, 북해 건너편에 있는 유틀란트반도(지금의 덴마크)에서 앵글족과 색슨족(앵글로색슨족은 이 두 민족의 총칭)이 농업이 가능한 토지를 찾아 이곳으로 진출했다. 한랭한 기후와 척박한 토질의 유틀란트반도는 곡물을 키우기 힘든 곳이었기 때문이다.

앵글족과 색슨족은 켈트족을 정복하여 브리튼 제도에 칠왕국(헵타키 Heptarchy)을 건설했다. 칠왕국이란 5세기부터 9세기까지 앵글로색슨족이 세운 7개의 왕국을 일컫는 말이다. 앵글로색슨족이 브리튼 제도에 나라를 세운 것은 가난에서 탈출하기 위함이었다. 10세기에 들어서자 마침내 여러 왕국들이 통일되었다. 그들은 '앵글족의 토지'라는 의미로 나라를 '잉글랜드'라고 불렀다.

11세기가 되자 잉글랜드는 왕위 계승권을 주장하며 쳐들어온 프랑스 노르망디 지방의 윌리엄 1세에게 정복당한다(노르만 정복, 노르만 왕조의 창시). 프랑스 왕을 잉글랜드 왕으로 섬기게 된 것이다. 그 후 프랑스와의 백년전쟁(1337년~1453년)에 패배한 잉글랜드는 그들이 차지하고 있던 프랑스 영지의 영유권까지 내어주고 만다.

잉글랜드를 제외한 브리튼섬은 켈트족의 거주지였지만, 앵글로색슨족에 의해 점차 정복되어갔다. 13세기 말에 먼저 웨일스가 잉글랜드에 합병되었다. 17세기에는 청교도혁명으로 호국경이자 독재자가 된 크롬웰이 반혁명 운동을 진압한다는 구실로 브리튼섬 북부의 스코틀랜드와 아일랜드를 정복했다. 그리고 영국 왕실을 중심으로 연합왕국UK, United Kingdom을 세웠다.

바다에 전부를 걸어라!

앵글로색슨족의 잉글랜드는 처음에는 해적의 나라로 알려졌지만, 칼레 해전(1588년)에서 '해가 지지 않는 나라'로 불리는 스페인 해군에게 승리하고, 영국-네덜란드 전쟁(1652년~1674년), 북아메리카 지배권을 놓고 프랑스와 벌인 제2차 백년전쟁(1688년~1815년) 등 연이은 전쟁에서 승리함으로써 대서양의 패권을 거머쥐게 되었다.

미국의 독립전쟁(1775년~1783년)으로 13개의 식민지를 잃긴 했지만, 영국은 캐나다, 오스트레일리아, 뉴질랜드, 인도, 아프리카의 케이프 식민지, 믈라카 해협의 해협 식민지, 수에즈운하 등을 지배하여 세계 토지의 5분의 1, 세계 인구의 4분의 1을 지배하는 해양 패권국가로 도약했다.

그런 도약의 바탕에는 압도적인 힘을 자랑하는 영국 해군이 있었다. 영국 국민은 오랜 세월 동안 가혹한 세금을 견디고 국채를 구입하며 수차례의 전쟁을 지원했다. '영국은 자원이 풍부하지 않았기 때문에 해외로 진출할 수밖에 없었다'라는 말을 들어본 적이 있을 것이다. 이 말만큼 앵글로색슨족의 원동력을 간결하게 설명할 수 있는 표현도 흔치 않다.

영국은 가난하여 해외로 눈을 돌려야만 풍요로워질 수 있었고, 그러기 위해서는 해양 경쟁력을 강화시킬 수밖에 없었다.

최강의 해군력을 가진 국가로 우뚝 선 영국은 아프리카의 흑인 노예를 아메리카 대륙과 서인도 제도로 데리고 가서 노예무역을 하고, 유럽에 담배와 면화, 사탕수수 등을 운반하는 대서양 삼각무역을 전개하여 해외 시장을 성장시켰다. 그런 경쟁력이 결국에는 산업혁명을 가능케 했다고 볼 수 있다.

영국의 식민지 지배

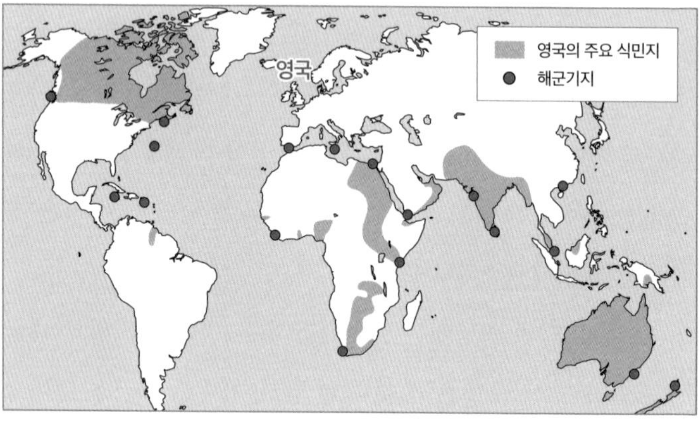

민족 간 경쟁이 불러온 유럽의 쇠퇴

• • •

18세기 후반, 영국에서 면직물 공업이 발달하면서 산업혁명이 시작되었다. 1830년 이후에는 각지에 철도를 건설해 영국이 철도 건설의 중심지가 되었다. 철도 기술은 유럽에서 아시아, 아메리카 대륙에까지 퍼졌고, 제철과 기계공업도 발달했다. 이로써 영국은 '세계의 공장'으로서 수많은 나라들의 공업 생산을 이끌게 되었다.

오스트리아 출신의 경제학자 슘페터가 말했듯이 기술 혁신이란 단지 기술이 바뀌는 것에만 그치지 않고, 기업 조직, 자금 조달, 상품 판매, 원료 조달 등 폭넓은 분야에서 변혁을 이끌어내는 것을 의미한다. 낡은 사회 조직과 관행을 파괴하고 새로운 생산 방식을 받아들이기에는 이미 제조 시스템이 정착되어 있는 나라보다 백지 상태나 다름없어 새로운 기술 체계를 받아들일 수 있는 국가가 비용 절감 면에서 훨씬 더 유리하다. 낡은 시스템을 파괴하는 비용을 절약할 수 있고, 인건비도 저렴하기 때문이다. 그런데 이런 경우에는 세계 경제의 균형에 균열이 생기고 새로운 국제분쟁이 일어날 수 있다. IT 기술이 보급된 오늘날 우리는 그야말로 이러한 상황 한가운데에 놓여 있다. 미국과 중국의 대립도 이와 같은 맥락에서 이해할 수 있다.

1870년대에는 산업의 중심이 중화학공업으로 전환되는

제2차 산업혁명이 시작되었다. 그러나 과잉 생산과 경제구조의 변동에 의해 20년 이상 불경기가 이어지는 '대불황'이 찾아와 세계 경제에 큰 변화가 일어났다.

1871년에 겨우 민족 통합을 이룬 독일은 제2차 산업혁명으로 급성장했고, 영국을 대신해 유럽 제일의 공업국이 되었다. 영국은 기술 혁신의 물결에 대응하지 못하여 '세계의 공장'이라는 자리를 잃었으나, 그 대신 '세계의 은행'으로 탈바꿈해 영향력을 키웠다.

19세기 유럽 경제는 세계 각지에 건설한 식민지에 의존하고 있었다. 이미 광대한 식민지를 가진 영국, 프랑스, 러시아와 식민지가 없는 신흥국 독일의 대립이 갈수록 심화되었다. 독일은 '해양 경쟁력이 국가 발전의 열쇠'라는 머핸의 말을 수용하여 해군을 급격히 증강하고, 영국 식민지 지배의 핵심지인 인도양으로 진출하는 것을 목표로 삼았다. 그런 독일을 과도하게 경계했던 영국은 외교적·군사적으로 대항했고, 두 나라의 관계는 더욱 악화되었다. 현재 미국과 중국의 관계와 비슷하다고 볼 수 있다. 결국 같은 게르만 민족이었던 영국인과 독일인은 두 차례 세계대전을 일으키면서 자멸의 길을 걷게 된다.

세계사를 꼼꼼히 살펴봐도 같은 민족끼리 '정복할 것인가' 아니면 '정복당할 것인가'를 걸고 싸운 전쟁에 전 세계가 두 번이나 휘말린 것은 유례가 없는 일이다. 게르만족이 민족 간의 대규모 전쟁으로 자멸하는 모습은 '민족'이 물러나고 '국가'의 시대로 바뀌었다는 것을 보여주는 새로운 현상이었다.

세계 패권이 미국으로 이동하다

• • •

미국의 토대가 된 13개 식민지를 건설한 이들은 앵글로색슨계 이주민들이었다. 유럽에서 북아메리카의 대서양 연안과 가장 가까운 나라는 영국이다. 영국은 처음에 문제를 일으킨 청교도인과 빈민층을 격리하는 장소로 아메리카 대륙을 이용했다. 즉 넓은 미국 식민지는 그저 영국의 사회 문제를 처리하는 곳에 불과했다.

19세기 중반 이후에는 미국으로 이민 가는 사람의 3분의 1이 독일인일 정도로, 생활이 궁핍한 독일인들이 함부르크항에서 미국으로 이민하는 경우가 늘었다. 게르만계 앵글로색슨족과 독일인의 이주가 활발해지면서 아메리카 대륙의 원주민에 대한 압박이 심해졌다. 이주자들은 백인이 아메리카 대륙을 정복하는 것은 '명백한 사명Manifest Destiny'이라고 주장하며 인디언들의 땅을 무력으로 빼앗는 행위를 정당화했다.

한편, 아메리카 대륙에서 성행했던 노예무역은 시간이 흐르면서 점차 사라졌다. 그러나 많은 흑인 노예들의 노동력을 필요로 했던 남부의 면화 플랜테이션 지역에서는 1807년에 비인도적인 노예무역이 폐지되었음에도 노예제도 자체는 존속되었다. 따라서 미국에서 태어난 흑인 노예는 여전히 거래 대상이었다. 해리엇 비처 스토의 작품 《톰 아저씨의 오두막》을 보면, 미국 내에서 여전히 노예가 매매되고 있었다는 사실을 알 수 있다.

1861년, 노예제를 둘러싸고 북부와 남부의 대립이 심화되면서 남북전쟁(1861년~1865년)이 발발한다. 링컨 대통령은 서부를 자기편으로 끌어들이기 위해 홈스테드법(자영농지법)을 제안

19세기 후반의 미국

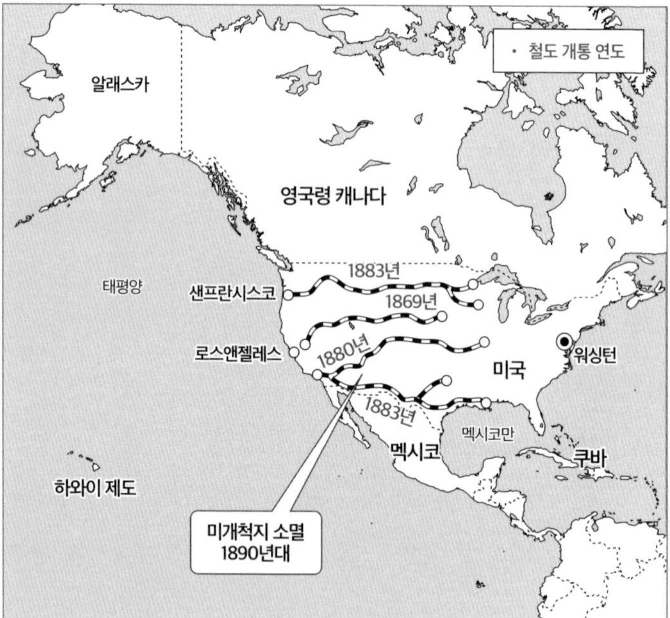

하여, 5년간 서부의 미개척지 개간 사업에 참여하면 약 20만 평의 토지를 무상으로 주겠다고 약속한다. 이로 인해 대불황을 겪고 있던 유럽의 빈민층 사이에서 '아메리칸 드림' 신드롬이 일었고, 1890년대부터는 서부의 미개척지가 거의 사라져갔다.

또한 대불황 전후로 유럽의 자본이 미국에 흘러들어와 서부에 네 개의 대륙횡단철도가 건설되고 제철, 기계, 철도, 석유 산업 등이 발달했다. 그 결과 미국은 독일과 영국을 제치고 세계 1위 규모의 공업 국가로 올라섰다. 한때 영국의 식민지였던 미국이 게르만족이 지배하는 새로운 성장 지역으로서 존재감을 확실히 드러낸 것이다.

노골적으로 드러난 미국 패권의 약화

• • •

제2차 세계대전으로 유럽을 비롯한 유라시아 여러 국가가 쇠퇴한 틈을 타 미국으로 진출한 게르만족은 세계의 패권을 손에 넣게 된다. 다른 나라들이 전쟁으로 쓰러져가는 동안 미국은 브레튼우즈 협정으로 달러를 국제통화로 지정하고 유엔안전보장이사회를 통해 핵무기를 독점하는 등 세계를 지배하는 패권 시스템을 구축해 손에 굴러들어온 패권을 견고하게 다져갔다.

19세기 영국의 앵글로색슨족은 유럽 여러 국가가 자신들의 자본주의를 따라 하도록 유도했지만, 미국은 자신들이 주도하여 만든 시스템에 전 세계를 끌어들였다. 운으로 패권을 손에 쥐게 되었지만 미국 자체는 개발도상국이나 마찬가지였으며, 지역 갈등과 인종 대립이 심각하여 국가의 기반이 약했다. 아직 해결되지 않은 미국 내부의 심각한 분열은 공화당의 트럼프 전 대통령의 취임과 코로나 바이러스의 유행에 대응하는 과정에서 명백히 드러났다.

식민지가 없었던 미국은 19세기 식민지 체제를 붕괴시키고, 세계를 비즈니스 공간으로 통합하는 '원 월드' 정책을 추진했다. 소련과의 냉전을 이용하여 핵무기를 개발하고 안전보장을 강화했다. 하지만 1970년대 이후 미국의 지배 체제에 서서히 균열이 생겼다. 그런 상황에서 1990년대에 출범한 클린턴 정권은 과거 영국과 같은 금융 대국이 되는 길을 선택하고 인터넷을 활용한 금융사업을 통해 세계를 지배하는 꿈을 꾸었다. 그러나 2008년에 일어난 리먼 사태로 과도하게 팽창한 국제 금융이 파탄에 이르자 미국의 패권이 흔들리기 시작했다.

동화 정책으로 계속 몸집을 불려온 중국에도 난제가 산적해 있으나, 미국 역시 이민자와 난민의 유입으로 미국 내 게르만족의 힘이 약해진 상태이며, 여러 사회문제에 직면해 있다. 게르만족의 '제2의 고향'이나 다름없는 미국은 유럽 내 게르만족과의 협력으로 패권을 유지하고 있었는데, 최근 미국과 유럽 대륙을 이어주는 역할을 해온 영국이 브렉시트(유럽연합 탈퇴)를 선언했다. 이런 상황에서 미국이 '본가'인 영국 및 독일과의 관계를 회복할 수 있을지가 앞으로의 국제 질서 변화에 중요한 열쇠가 될 것이다.

10

유대 민족

상업 기술과 자금으로 세계 자본주의를 이끈 민족

작지만 강한 상업민족

• • •

유대 민족은 원래 아랍족과 같은 셈계 민족으로, 한때는 히브리인(헤브라이인)이라고 불렸다. 히브리란 히브리어로 '유랑하다'라는 의미다. 그들은 유프라테스강을 넘어 대곡창 지대인 이집트와 접해 있는 가나안(지금의 팔레스타인)에 이주하여 상업민족이 되었다. 상업의 기본이 '여행'이었으니, 그들과 걸맞은 이름이었다.

현재 미국, 프랑스, 영국, 러시아, 이스라엘 등 세계 각지에 흩어져 사는 유대 민족의 수는 약 1천 460만 명에 불과하다고 한다. 세계 10대 민족으로 꼽기에는 규모가 너무 작다고 생각하는 사람도 있겠지만, 상업의 귀재라고 할 수 있는 유대 민족이 세계 경제에 미치는 영향은 매우 크다.

인구 비율로 따지면, 유대 민족의 노벨상 수상자 비율은 타 민족에 비해 압도적으로 높다. 세계화가 이루어진 현대사회에서 세계 금융을 움직이고 인터넷 산업을 지탱하며, 할리우드 영화 산업을 성장시키고, 다이아몬드 유통을 독점하고 있는 민족이 바로 유대인이다.

긴 세월 동안 쌓아온 상업 기술과 자금 그리고 정보를 공유하는 세계적인 규모의 상업 네트워크가 유대 민족의 가장 큰 강점이다.

유대교는 어떻게 탄생했을까

현재 대부분의 유대인들은 비종교적 도시 생활을 하고 있지만, 오랫동안 그들에게 큰 영향을 끼친 것은 민족 종교인 유대교였다. 그래서 지금도 유대인의 정의는 '유대인의 혈통을 잇는 자 혹은 유대교를 믿는 자'다. 유대교가 유대 민족의 민족적 연결고리로서 큰 역할을 해왔다는 점에는 이견이 없을 것이다.

유대교는 창조신 여호와를 믿는 일신교로 기독교와 이슬람교의 모태가 되었다. 여호와는 원래 부족신이었지만, 유대 민족이 오랜 고난의 세월을 겪는 과정에서 민족신이 되었다. 기독교의 창조신 하나님, 이슬람교의 알라('알라'는 원래 신을 뜻하는 보통명사다) 신앙은 모두 유대교 신앙에서 영향을 받은 것이다.

유대인이 신의 선택을 받은 민족이라고 여기는 선민사상은 유대교의 두드러진 특징 중 하나다. 가나안에 살던 유대 민족은 기아를 피해 이집트로 이주했지만, 이집트의 왕 파라오의 분노로 강제 노역을 해야 했다. 그때 예언자이자 민족 지도자인 모세의 인도로 이집트를 떠나게 된다. 흔히 이 사건을 '출애굽'이라고 하는데, '애굽'은 이집트를 뜻하며 성경의 '출애굽기'는 유대 민족의 이집트 탈출에 대한 기록이다. 이 여정 중에 유대인들은 시나이반도의 시나이산에서 여호와로부터 '십계명'을 받았다. 그들은 이 십계명을 신과 자신들을 이어주는 계약으로 보았고, 이는 유대 민족 윤리관의 기초가 되었다.

유대 민족은 그 후 40년 동안 광야를 헤매다 겨우 가나안으로 돌아가 왕국을 세운다. 솔로몬 시대에는 상업 왕국으로 번성했지만, 머지않아 남북으로 분열되고 서아시아에 등장한 대국에 의해 정복당한다. 그중에서도 신바빌로니아는 남부의 유다 왕국을 멸망시키고 많은 유대인을 자신들의 수도 바빌론으로 강제로 연행하여 건설 노동자로 부렸다. 이른바 '바빌론 유수' 사건이다. 고난을 경험한 유대 민족은 이것이 신의 분노 때문이라고 여기며, 신이 준 '율법(토라)'을 지키는 사람만이 구원을 받을 수 있다는 율법 기반의 유대교 신앙을 확립했다.

히브리어 성서에 나오는 모세의 십계명

- 내 앞에서 다른 신들을 섬겨서는 안 된다.
- 너 자신을 위해 우상을 만들어서는 안 된다. 위로는 하늘, 아래로는 땅, 땅 아래 물속에 있는 것 중 어떠한 것도 모양을 본떠서 만들지 말라. 그것에 절하거나 그것을 섬겨서는 안 된다.
- 너의 신 여호와의 이름을 함부로 불러서는 안 된다.
- 안식일을 기억하고, 그날을 신성하게 지켜라.
- 네 부모를 공경하라.
- 살인해서는 안 된다.
- 간음해서는 안 된다.
- 도둑질해서는 안 된다.
- 네 이웃에 대해 거짓 증언을 해서는 안 된다.
- 네 이웃의 집을 탐해서는 안 된다. 네 이웃이 가진 것은 무엇이든 탐하지 마라.

흩어진 디아스포라를 묶어주는 민족 네트워크

곧이어 지중해에 로마 제국이 건설되고, 유대 민족은 로마의 예속민이 되었다. 유대 민족에 대한 로마의 수탈이 심해지자 정복자인 라틴계 로마인과 유대인의 갈등이 심화되었다. 66년에는 로마인 총독이 유대교 신전에서 재산과 보물을 탈취해간 일을 계기로 유대인이 반란을 일으키게 된다.

결국 반란은 로마군에게 진압되었으나, 유대인에게 예루살렘 거주 금지령이 내려져 그들은 가나안 땅에서 강제로 쫓겨났다. 이때 로마인은 가나안에 유대인과 적대 관계에 있는 필리스티아인을 거주시키고 지명을 '팔레스티나'로 바꿨다. 고향을 빼앗긴 유대인은 지중해 주변에 뿔뿔이 흩어져 살았다. 이처럼 팔레스타인을 떠나 세계 각지에 흩어져 사는 유대인들을 디아스포라(그리스어로 흩어져 사는 사람이라는 의미)라고 부른다.

예루살렘에 있는 유대교 신전이 파괴되고 고향에서 추방된 유대인은 어쩔 수 없이 각지의 공동체마다 시너고그(회당, 그리스어로 집회를 뜻함)를 만들어 이를 중심으로 신앙을 유지했고, 지혜가 풍부한 유대교 지도자 랍비가 신자를 지도하는 동시에 유대인의 관습, 사회 규범, 가치관 등을 가르쳐 민족 문화와 전통을 잃어버리지 않도록 노력했다.

민족의 힘은 교육에서 나온다

• • •

유대 민족은 로마인에 의해 빼앗긴 신앙과 문화를 되찾기 위해 교육에 힘을 쏟으면서 '교육의 민족'이 되었다. 종교 지도자와 공동체 지도자, 현명한 상인을 민간 차원에서 길러내야 했으므로, 공동체에서 직접 독해, 작문, 수리 등을 가르치는 서민교육(일반 서민 대중이 학생을 가르치는 교육)이 발달했다.

유대인의 격언 중에는 "산양이 수염이 있다고 해서 랍비가 될 수는 없다", "기도는 짧게 하지만, 배움에는 긴 시간이 필요하다"라는 말이 있다. 이처럼 유대인들은 생활 속에서 활용할 수 있는 지혜를 학습하는 것을 중시했고, 그런 준비를 마친 사람만을 랍비로 인정했다.

유대인들은 스스로가 약소민족이라는 점을 잘 알고 있었다. 그렇기에 교육이 무엇보다 중요하며, 교육이 민족의 힘이 될 것이라고 믿었다. 그들은 예루살렘이 망한 이유도 잘못된 교육 때문이라고 생각했다. 아이를 교육하는 것을 아버지의 의무로 여겼으며, 아이들이 성인이 될 때까지 율법을 익히도록 가르쳤다. 그래서 유대 민족은 서민의 문자 해독률이 가장 높은 민족으로 꼽힌다.

돈이 사람을 대신하여 일하게 하라

상업민족에게 필요한 능력에는 커뮤니케이션 능력, 판단력, 행동력, 임기응변 능력이 있다. 그들은 혹독한 환경에서 실용적인 장사 기술을 익히고 이를 후손들에게 전수해주었다.

"장사는 당신이 가진 물건을 필요로 하는 사람에게 파는 것이 아니다. 당신이 갖고 있지 않은 물건을 필요로 하지 않는 사람에게 파는 것이다"라는 유대 민족의 격언이 있다. 한시도 방심할 수 없는 환경에서 몸으로 직접 부딪쳐 얻은 지혜를 아이들에게 전달하고, 이를 대대로 잘 갈고닦아 민족의 재산으로 축적해온 이들의 모습을 엿볼 수 있다.

커뮤니케이션 능력을 갖추어야 했던 상인들에게 외국어를 습득하는 것은 기본적인 일이었다. 유대인들은 단순히 외국어만 익히는 것이 아니라 외국인의 사고방식, 관습, 종교 등 관련된 지식까지 공부했다. 이러한 그들의 생활 방식은 거의 2천 년이 넘는 시간 동안 지속되고 발전했다.

고대 사회에는 상업 활동을 마음껏 펼치는 데 일부 제한이 있었다. 그래서 유대교는 기독교나 이슬람교가 이자를 받는 행위를 엄금한 것과 달리, 타민족에게서 이자를 받는 행위를 허락했다. 돈이 사람을 대신하여 일하도록 만든 것이다. 이는 오늘날 금융사업의 근간이 되는 사고방식이다. 그만큼 유대인들은 '돈은 도구'라는 합리적인 금전관을 타민족보다 앞서서 터득했다.

유대 민족의 교과서, 탈무드

디아스포라(민족의 이산)는 장기적인 관점에서 보면 유대 민족에게 전화위복이 되었다고 할 수 있다. 흩어진 유대 민족들은 세계사에서도 드물게 모국을 가지지 못했지만, 민족 네트워크를 통해 생존하는 상업민족이 되었다. 넓은 영역의 주요 지점에 소수의 인원이 분산 거주하며 정보를 공유하고, 상업상의 편의를 봐주며 때로는 자금을 융통해주는 것은 상업민족에게는 이상적인 생활 방식이다.

독일 학자 베르너 좀바르트는 유대 민족이 존속할 수 있었던 이유에 대해 이렇게 말했다. "그들은 디아스포라 이후 늘 분산되어 살아왔다. 서로 떨어져 있었기 때문에 결속했다고 할 수도 있지만, 오히려 결속해 있었기 때문에 분산되어 살 수 있었다."

하지만 오랫동안 분산되어 생활하면 민족성을 잃어버릴 위험이 있다. 그래서 유대인 학자들은 긴 세월에 걸쳐 생활 규범, 법률, 전통, 일화, 격언 등을 집대성한 탈무드(히브리어로 '연구'를 의미)를 편찬했다. 탈무드는 유대 사회의 관습과 세상의 지혜를 배우는 교과서이자 경전으로 자리매김했다.

♜ 총 6부 63편으로 구성된 탈무드. 연이은 전쟁으로 유대교의 존속이 위태로워지자 기록된 토라 외에 구전으로 계승한 율법들을 모아 탈무드를 편찬했다.

유대교에서는 《구약성서》에 기록된 것뿐만 아니라 구전으로 내려오는 모세의 율법도 존재한다고 본다. 이처럼 유대 사회에 전승되는 이야기를 모아 많은 랍비들이 해석을 붙이고 기록한 것이 탈무드다. 유대 민족의 아이들은 탈무드를 학습 교재로 삼아 토론하면서 유대 사회의 관습, 처세술, 상도 등을 익혔다.

'유럽 밖'에서 활발한 활동을 펼친 유대인

서양사에서 유대 민족은 끊임없이 박해받는 민족이었다. 가령 1215년에 열린 제4회 라테란 공의회에서는 유럽에 거주하는 모든 유대인에게 황색 모자를 쓰게 하고, 가슴에는 황색 배지를 달게 했다. 또 1239년, 교황 그레고리우스 9세는 유대 민족에게서 탈무드를 모두 빼앗아 불태우라는 명령을 내렸다. 심지어 1555년에 교황 바오로 4세는 유대 민족을 높은 벽으로 둘러싸인 '게토'라는 거주 구역에 격리시켰다. 그곳에 사는 유대인들은 지식산업에 종사할 수 없었고, 상업 활동에도 제약을 받았다.

그런데 이런 박해는 사실 유럽에서만 일어난 일이었다. 상업이 번성했던 이슬람 세계에서는 유대교도 역시 기독교도와 동등하게 세금만 내면, 신앙이나 상업, 금융 등 모든 활동을 인정받을 수 있었다.

따라서 세계사적으로 보면, 유대 민족이 주로 활동한 곳은 유럽이 아니라 이슬람 세계였다. 유대인들은 ① 아바스 왕조의 수도 바그다드를 중심으로 하는 중동, ② 후우마이야 왕조가 지배했던 코르도바(지금의 스페인 안달루시아 지방) 중심의 이베리아 반도, ③ 러시아의 모피 거래로 경제성장을 이룬, 카스피해 북안에 위치한 하자르 칸국 등에서 주로 활동했다. 특히 큰 이익을 얻을 수 있는 카스피해 북안 지역에는 많은 유대 상인이 모여 살아 유대교가 국교로 지정될 정도였다.

이 지역들을 기준으로 보면 유대인을 세 그룹으로 나눌 수 있다.

① 첫 번째 지역의 미즈라힘(미즈라는 히브리어로 '동쪽'이라는 의미): 혼혈로 백인화되었다.
② 두 번째 지역의 세파르딤(히브리어로 '이베리아'라는 의미): 서유럽의 기독교 사회에 동화되었다.
③ 세 번째 지역의 아슈케나짐(히브리어로 '독일'이라는 의미): 하자르 칸국의 멸망으로 카스피해 북안에서 쫓겨나 우크라이나, 폴란드로 이주했다가 그 후 18세기 말 폴란드의 분할로 러시아와 독일로 넘어갔다.

세 그룹 중에서 대항해시대 이후 서유럽에서 활약하며 자본주의 경제를 뿌리내리게 한 집단은 세파르딤이다. 그들은

♜ 아슈케나짐은 오늘날 유대인의 대다수를 차지한다. 대표적인 인물로 알베르트 아인슈타인(왼쪽), 지그문트 프로이트(오른쪽) 등이 있다.

19세기에 기독교 사회에 동화되어 혼혈화되었다. 현재 유대 사회를 이끄는 집단은 아슈케나짐이다. 러시아의 박해를 받아 이들 중 상당수가 미국 뉴욕으로 이주했는데, 1920년대까지 이주자의 수가 약 200만 명에 달했다고 한다. 아슈케나짐은 러시아 혁명의 한 축을 담당했으며, 제2차 세계대전 후에는 유대인의 이스라엘 이주를 이끌었다.

지폐를 발행해 세계 경제를 주름잡다

이베리아반도의 유대 민족에게 대항해시대는 큰 수난기였다. 1492년 이슬람 세력의 마지막 거점 그라나다가 함락되자 스페인은 내부의 유대 민족을 기독교로 개종시켜 순수 기독교 국가를 만들려고 했다. 개종을 거부하는 유대교인들을 국외로 추방했으며, 포르투갈도 곧 그런 움직임에 동조했다.

유대인의 이동

폴란드의 분할·식민화
아슈케나짐
독일
우크라이나
카스피해 북안
모피 무역의 거점 (9~10세기)
세파르딤
폴란드의 분할·식민화
하자르 칸국의 멸망
이베리아반도
대항해시대 때 네덜란드와 영국의 성장을 뒷받침함
바그다드
아바스 왕조의 상업 중심지 (8~16세기)
팔레스타인
디아스포라
미즈라힘

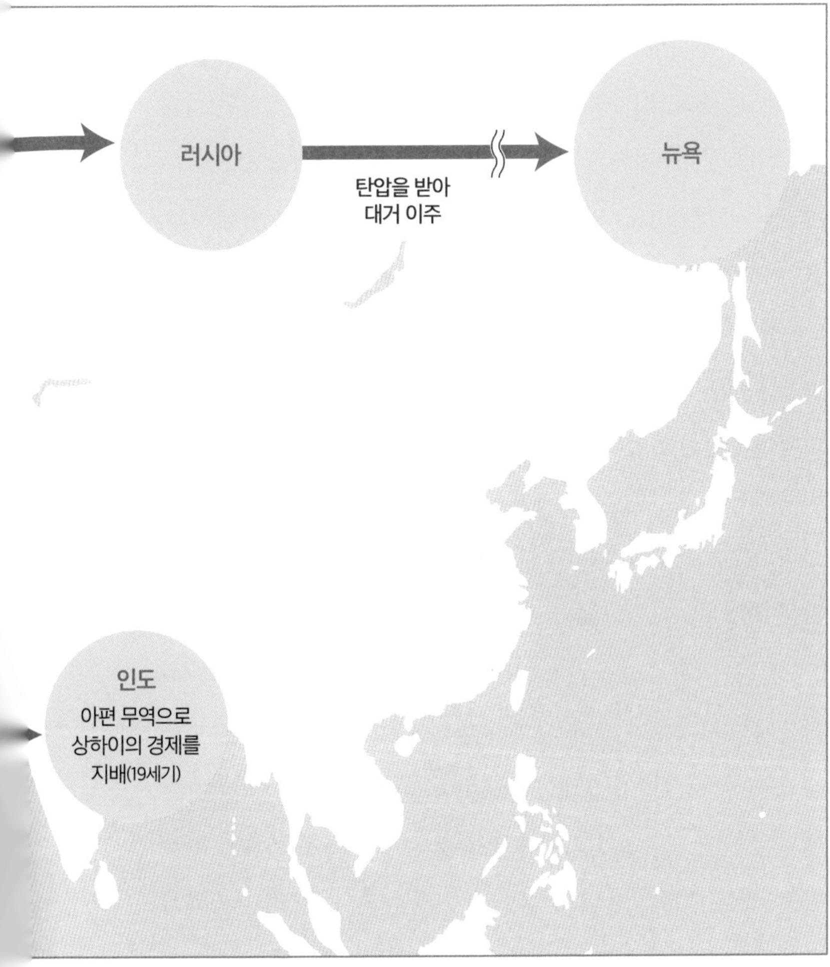
러시아
탄압을 받아
대거 이주
뉴욕
인도
아편 무역으로
상하이의 경제를
지배(19세기)

이베리아반도에서 많은 유대인이 추방된 이 사건을 제2의 디아스포라라고 한다. 대부분은 이슬람 세계로 이주했지만, 일부는 경제 발흥기를 맞은 네덜란드로 이주했다. 스페인어, 포르투갈어를 구사하는 유대인은 네덜란드에 매우 귀중한 인재였다. 네덜란드로 이주한 유대 민족은 경제적으로 선진화된 이슬람 세계의 상업 기술과 어음을 네덜란드 사회에 전해줬다. 당시 이슬람 세계에서는 상업이 대규모로 확장되어 이미 어음과 수표가 보급되어 있었다.

유대인들은 자기 재산이 언제 트집 잡혀 몰수될지 몰랐기 때문에, 무기명어음을 발행하여 재산을 지키고자 노력했다. 무기명어음은 수취인이 따로 적혀 있지 않아 불특정 다수의 사람들에게서 돈을 모으기에 매우 편리했다. 유대인으로부터 어음의 원리를 배운 네덜란드는 직접 국채라는 무기명어음을 발행하여 전쟁 비용을 조달하기도 했다.

한편, 영국과 프랑스 사이에 제2차 백년전쟁이 발발했을 때 영국에서는 정부가 국채를 과다 발행해 인수인이 없어진 상황이 벌어졌다. 그러자 유대인 상인이 민간에서 직접 잉글랜드 은행을 조직해 저금리로 국가에 융자를 해주는 대신 지폐를 발행할 수 있는 권한을 얻었다. 단순한 종잇조각으로 보이는 지폐가 은화나 금화와 동일하게 취급받게 된 것이다. 남에게 빌려주면 이자를 받을 수 있었기 때문에 상인들은 큰돈을 벌었다.

19세기 영국은 세계의 기축통화를 은화에서 금화로 바꾸고, 금화가 부족할 때 파운드 지폐로 보충해 자신들의 화폐를 국제통화로 만드는 데 성공한다. 그리고 아시아의 은화 경제를 무너뜨려 큰 경제성장을 이뤘다. 그 실무를 담당한 조직이 로스차일드 가문을 비롯한 유대인 상인이 운영하는 잉글랜드 은행이었다.

두 차례 세계대전을 거치며 영국이 쇠약해진 뒤에도 유대인들의 영향력은 줄어들지 않았다. 유대인계 은행들이 장악한 미국의 월가Wall Street가 달러 지폐를 통해 세계 경제를 움직이고 있기 때문이다.

포그럼과 시오니즘, 이스라엘 건국

• • •

19세기는 유럽에서 국민국가가 형성되는 민족주의의 시대였다. 각국의 포퓰리스트 정치가는 '민족'을 정치에 이용했고, 유대 민족에 대한 압박은 더 심해졌다.

봉건성이 강한 러시아에서는 민중의 불만을 다른 데로 돌리기 위해 유대 민족을 희생양으로 삼아 탄압했다. 그러던 중 국내 개혁에 실패한 러시아 황제 알렉산드르 2세가 암살되는 사건이 발생했는데, 그 암살에 유대인 여성이 관련되어 있다는 소문이 났다. 그러자 유대 민족에 대한 대규모 포그럼(러시아어로 학살을 의미)이 발생했고, 이로 인해 1924년까지 약 200만 명의 유대인이 뉴욕의 상업 지역으로 이주했다. 뮤지컬 〈지붕 위의 바이올린〉의 모티프가 된 사건이기도 하다.

민족주의가 심화되고 있던 프랑스에서는 육군참모본부 대위로 근무하던 유대인 드레퓌스가 군사기밀을 빼돌린 스파이 용의자로 몰려 억울하게 체포되는 일명 드레퓌스 사건이 발생한다. 이에 실망한 오스트리아의 유대인 신문기자 테오도르 헤르츨은 '민족'을 강조하며, 자신들을 배척하는 유럽을 떠나 유대 민족의 국가를 세우자는 시오니즘 운동을 일으킨다. '시온'은 예루살렘의 옛 명칭으로, 시오니즘은 팔레스타인 지방으로 돌아가 유대인의 민족국가를 수립하고자 하는 운동이다.

팔레스타인을 지배하던 오스만 제국의 약화, 영국의 금고 관리를 맡았던 유대인 금융가 로스차일드의 지원, 1917년 영국 외무장관 밸푸어의 지지(밸푸어 선언) 등에 힘입어 시오니즘 운동은 현실성을 띠게 되었다. 그리고 제2차 세계대전 후 1948년 미국의 지원을 받아 팔레스타인 지방에 이스라엘을 건국했다. 이에 팔레스타인에 살고 있던 많은 아랍인이 일제히 반발하여 네 차례에 걸친 중동전쟁이 일어났다.

제2차 세계 대전 중에 일어난 독일의 홀로코스트에 대해서도 이미 설명한 바 있다. 나치당은 유대인에 대한 독일인의 반감을 증폭시켜 정치적으로 이용했고, 독일 기업은 채무를 탕감

THE PALESTINE POST

STATE OF ISRAEL IS BORN

The first independent Jewish State in 19 centuries was born in Tel Aviv as the British Mandate over Palestine came to an end at midnight on Friday, and it was immediately subjected to the test of fire. As "Medinat Yisrael" (State of Israel) was proclaimed, the battle for Jerusalem raged, with most of the city falling to the Jews. At the same time, President Truman announced that the United States would accord recognition to the new State. A few hours later, Palestine was invaded by Moslem armies from the south, east and north, and Tel Aviv was raided from the air. On Friday the United Nations Special Assembly adjourned after adopting a resolution to appoint a mediator but without taking any action on the Partition Resolution of November 29.

Yesterday the battle for the Jerusalem-Tel Aviv road was still under way, and two Arab villages were taken. In the north, Acre town was captured, and the Jewish Army consolidated its positions in Western Galilee.

Most Crowded Hours in Palestine's History

JEWS TAKE OVER SECURITY ZONES

Egyptian Air Force Spitfires Bomb Tel Aviv; One Shot Down

U.S. RECOGNIZES JEWISH STATE

Proclamation by Head Of Government

2 Columns Cross Southern Border

Etzion Settlers Taken P.O.W.

Special Assembly Adjourns

♜ 1948년 5월 14일, 유대인들은 오랜 디아스포라를 끝내고 현대 '이스라엘'을 건국했다.

받으려고 유대인을 배척했다.

민족이라는 개념은 사람들을 화합하고 단결하게 하는 구심점이 되어 국가 건설과 발전의 원동력이 될 수도 있지만, 자칫하면 타민족을 배척하고 탄압하는 수단이 되어 끔찍한 비극을 낳을 수도 있다. 이러한 사실을 이해하고 잊지 않는 것이 우리가 세계사와 민족의 역사를 배우는 목적일 것이다.

문명을 이룩하고, 전쟁을 일으키고, 새 시대를 연 민족들의 이야기

10대 민족으로 읽는 패권의 세계사

초판 1쇄 발행 2023년 1월 12일
초판 2쇄 발행 2023년 3월 2일

지은이 미야자키 마사카츠
옮긴이 정은희
펴낸이 성의현
펴낸곳 (주)미래의창

책임편집 최소혜
디자인 윤일란
홍보 및 마케팅 연상희 · 이보경 · 정해준 · 김제인

출판 신고 2019년 10월 28일 제2019-000291호
주소 서울시 마포구 잔다리로 62-1 미래의창빌딩(서교동 376-15, 5층)
전화 070-8693-1719 **팩스** 0507-1301-1585
홈페이지 www.miraebook.co.kr
ISBN 979-11-92519-31-9 03900

※ 책값은 뒤표지에 있습니다.